愛知大学綜合郷土研究所ブックレット

25

社会調査から見えた伊勢と伊賀のむら

藤喜一樹

目　次

社会調査から見えた伊勢と伊賀のむら

〈口絵１〉花垣神社の祈年祭に参加する人々

本文 15 頁

〈口絵２〉花垣神社御祭神図（森中喬章氏提供）

本文 16 頁

〈口絵３〉現在の青蓮寺開畑地の様子

本文 28 頁

〈口絵４〉2014年の海の日に行われた農業ふれあい祭りの様子

（花垣地区住民自治協議会提供）本文 29 頁

〈口絵5〉下津又川から濁川に繋がる合流地点付近

本文 38 頁

〈口絵6〉中津又川沿いの炭焼き小屋

本文 41 頁

〈口絵 7〉他出子も参加する車川の初午祭

本文 47 頁

〈口絵 8〉2010年8月に車川で初めて行われた「夏だ! お帰り 車川」

（寺村善治氏提供）本文 49 頁

はじめに

現在、郷土史ブームであるが、今回三重県の伊勢地方と伊賀地方のそれぞれの地方からむらのモノグラフを紹介させていただき、むらの人々から見た農村の様子を、都会の人々に少しでも知っていただければ幸いである。

今日、村落研究者の多くが都会生まれで、都会育ちであることを考えると、生粋のむら人である筆者は、むらの現場を都会の人々に少しでも知ってほしいという想いを持っている。なぜなら、現在四十代の筆者自身、これまでの人生をむらで生まれ、むらで育ち、むらで生きる者として、むらとともに歩んできたからである。

そのことからも、今回紹介する伊賀地方の伊賀市予野集落と伊勢地方に位置する現代の多気郡多気町車川集落のむらの人達の行動には共感できるとともに、このような元気なむらの人達がいるのかと改めて感心した。またむらの人達の結束の固さにも改めて感心した。

そして、そのむらの人達の元気の素は、都市住民との交流なしには考えられない。こうした時代だからこそ、外部に開かれたむらは貴重な存在だと考える。このように外部に開かれたむらではあるが、この二つのむらでは、むらの中核となる公園を持っている。

もし現在この公園がなければ、都市住民との交流にまでは発展していなかったであろう。その意味では、公園ができる背景となったこの二つのむらが抱えている歴史には、そのむらしか存在しない歴史の独自性があるものと思われる。

さて、全国的にむらとしての共有意識が弱まっている中、この二つのむらでは、共有の信仰意識が保たれている。また、この二つのむらには、水源事情が悪く、水で苦悩した歴史をもっているむらと、水源が豊かで栄えたむらという、歴史的背景に大きな違いが存在する。

そのため本書では、この二つのむらのモノグラフを描いていくにあたり、伊賀市予野集落については二〇〇四（平成十六）年から、多気郡多気町車川集落については二〇一〇（平成二十二）年から、現地での聞き取り調査を実施すると同時に、参与観察や資料の収集に務めてきた。

Ⅰ　現代のむらの位置づけ—過去から未来に向けて

今日、農村では農業の兼業化が進み、異質性が発達し、集団組織は多面化した諸個人の関心に従って、多様な集団に組み込まれていると考えられている。

だが、一九七〇年代までの村落研究では、第一に、農業経営の単位および村落社会は、固有の地域に定住することを前提としていた。第二に、家・村理論においては、生産力の発展がみられないことが、理論構築の前提となっていたのに対し、農民層分解論においては、生産力の発展が前提とされていた。第三に、村落を一つの完結した集団とみなしていた。これらの点が、一九七〇年代までの村落研究の規範的枠組みの特色であったが、一九八〇年代以降の日本村落では、こうした一般的な分析枠組みが、現実を記述・分析する装置ではなくなったと指摘されている［熊谷 二〇〇四］。

農村は、もはや閉鎖的な村落ではなく、全体社会の変動の局地化された諸影響を受けて、ダイナミックに変容しつつある社会であると捉えられている［池田 一九九一］。

そして現在の農山村は、他の地域の人々との交流なしには成り立たない時代に来ている。そのため、様々な形の交流人口の仕組みづくりが考えられている。農山村の集落は変容しており、現在のままのむらを残すことが困難になってきており、空き家対策や、観光化対策などむらの生き残りにかけて模索が続いている。

要するに、一九九〇年代以降、農山村地域の集落の機能としては、従来から重視されてきた食料生産機能だけでなく、環境保全や休養などの多面的機能が提起されるようになってきたのである。このような考え方は、一九六〇年代〜一九七〇年代には希薄であり、集落はあくまで農業生産の空間であり、その管理維持の権利と責任は集落内の農家が担っていた。さらに二〇〇〇年代に入ると、集落再生の観点から、農山村が固有に有する価値観に都市住民が共鳴ないし共感する可能性についても論じられてきた［吉野 二〇〇九］。

秋津元輝氏は、「集落の再生にむけて―村落研究からの提案」と題して、これからの再生論の方向性を提示している。〈楽〉の原理は(1)「市民社会論」型の再生イメージとしてのみならず、「ポピュリズム」型の再生イメージも含めた集落のエートスであり(2)、ときに都市住民の手を借りながら、農村生活を楽しむというこの〈楽〉の原理に基づくエートスの浸透が、二十一世紀の集落再生の鍵になることを提案している［秋津 二〇〇九］。

こうした中で、今日農山村の再生においてむらが、地域資源を発掘し、維持していくために、企業などの外部の人的資源と連携する場合、外部のやり方を、一方的にむらに押しつければ、摩擦が起こってくるのが目に見えている。そうしたことから、外部の人的資源と連携する場合には、地域住民が経験的に培った部分を取り入れていく必要性があるのではないだろうか。また農村の高齢者にとって、健康に役立つ農作業、生きがいとしての農作業は、農業生産を六次産業(3)として考えるむらの方向性や、グリーンツーリズム(4)に特化したむらの方向性とは少し違うのではないだろうか。いわゆる農業生産組織の六次産業化の動きや、グリーンツーリズムの動きを見ても、いろいろな事業に手を出せば出すほど、女性や若者の手を借りなければ、つまり多数の人員を動員しなければ、組織運営が立ち行かなくなることが目に見えている。

結城登美雄氏が指摘しているように、地域資源を単なる特産品や地場産品開発のための材料とみなし、市場的対応のあまりに性急な商品化を求めてしまうと、資源に内在している多様な価値や活用の可能性を削ぎ落してしまうことになる［結城 二〇〇九］。

例えば地域の公共財、地域が保有する文化資源などが人々のネットワークを図る場になることも十分考えられる。つまり、むらの人々にとって社会参加の意識を高める装置としての文化資源の役割は大切だと考えられる。またむらの人の健康は、土地との結びつきにも影響されるし、住み慣れた土地への愛着によっても変わってくるのではないだろうか。

現在、農業生産に特化したむらや、観光に特化したむらがある中で、むらとして、元気な地域と元気のでない地域の違い、つまり、むらとして元気がでる素は何かを考えていかなければならない時代に直面している。

これまで農村の研究者にとって、〈共同体〉ということばは、通常は対象を分析するための概念と理解されてきた。これに関し本書では、内山節氏の『共同体の基礎理論』を参考にしておきたい。内山氏は、かつて大塚久雄氏が解体すべき対象ととらえた共同体を、前近代の象徴としてではなく、むしろ未来への可能性として捉えている。なぜなら、共同体はその「かたち」に本質を求めるものではなく、その「精神」に本質をみいだす対象だとしているからである(5)。

これにしたがって、本書で取り上げるむらは、地域資源管理の担い手としてのむらではあるが、農業経営を単位とした共同体ではなく、むらの精神として、むらの成員がむらの文化・伝統を守っている共同体であると定義しておきたい。こうした地域資源管理の担い手としてのむらのモノグラフを見ていくために、三重県伊賀市予野集落と、三重県多気町車川集落を取り上げていくことにしたい。

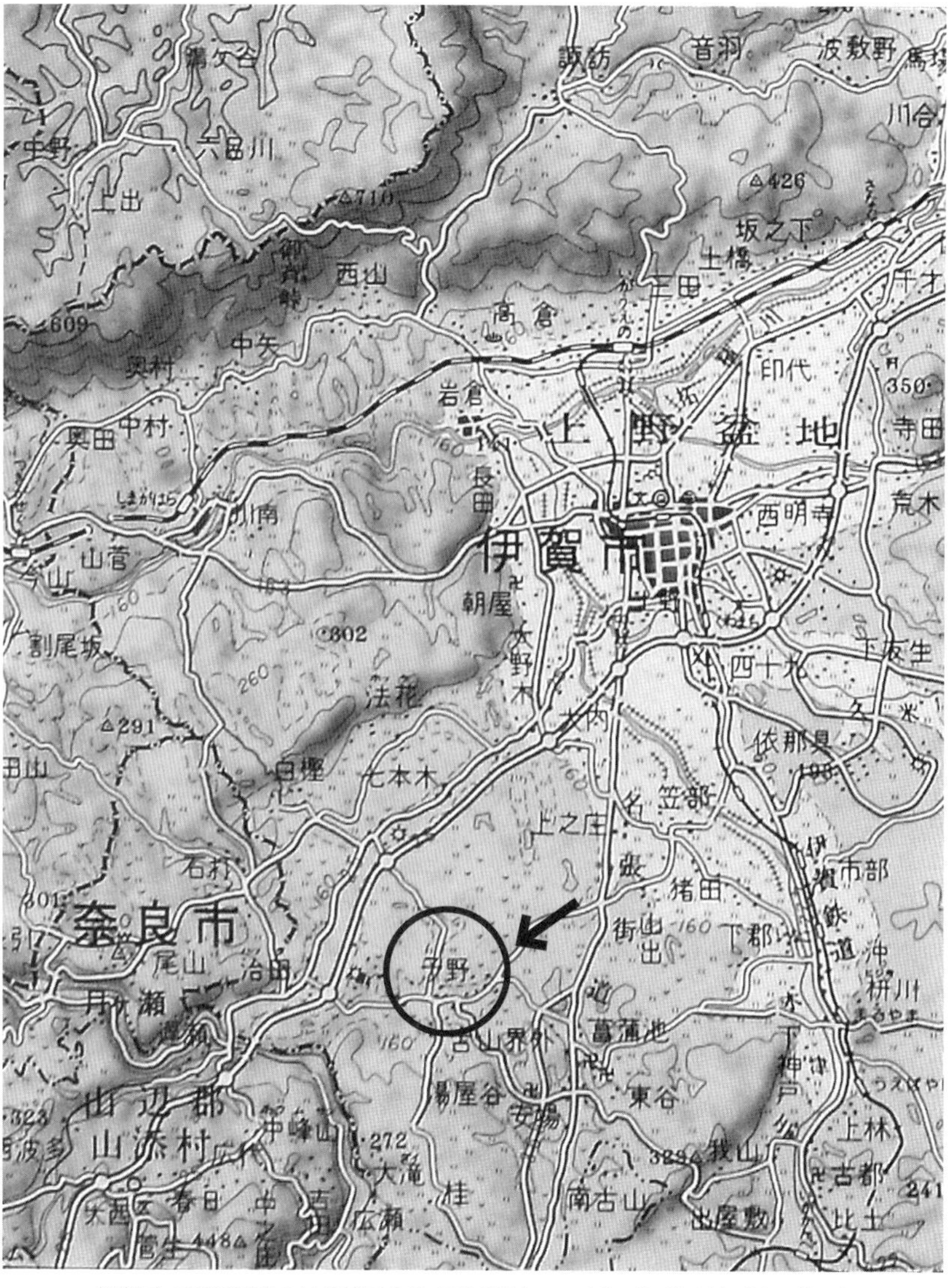

伊賀市予野集落の位置〔国土地理院発行の20万分1地形図(部分)を使用〕

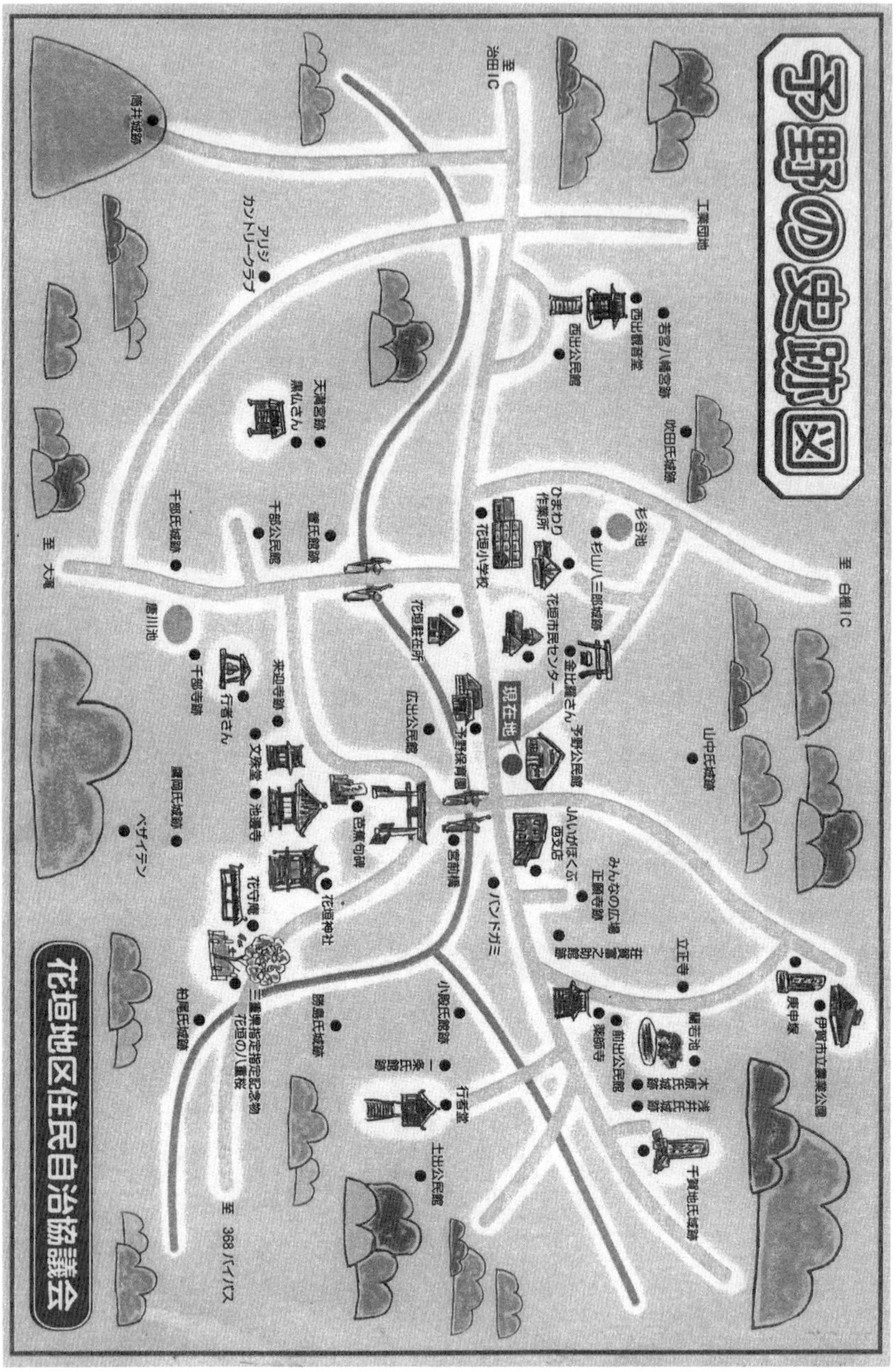

予野の史跡図（花垣地区住民自治協議会提供）

II　現代の伊賀のむらを取り上げて

◉――三重県伊賀市予野集落の概要

予野村は江戸期から一八八九（明治二十二）年までの村名である。この予野は、「天保郷帳」では千四百五十九石余であった。予野は花前川の両岸の緩やかな丘陵地に集落が広がる。予野は、治田、白樫、大滝、桂と合併し、旧花垣村として一八八九（明治二十二）年に成立した(6)。さらに、旧花垣村は一九五五（昭和三十）年上野市に合併した。そして現在の三重県伊賀市は、この上野市が近隣五町村を二〇〇四（平成十六）年十一月に合併して誕生した。

予野集落の中央部に残されている旧花垣村唯一の小学校であった花垣小学校は、昨年の二〇一五（平成二十七）年三月に閉校した。伊賀市の住民基本台帳によれば、平成二十六年九月末現在、旧花垣村の世帯数は六百一世帯であり、人口は千五百二十三人である。大字予野については、予野集落を単位とする予野区と新住民の住んでいる地域があり、これらを合わせると世帯数は二百世帯となり、人口は五百二十一人である。そして高齢化率は四〇%である。

このような中、二〇一一（平成二十三）年に、最も身近な自治組織の中核として、花垣地区住民自治協議会が設立された。これは、区や自治会の単位だけではなく、地域に住むあらゆる人や活動する個人、団体、事業者等が自由に参加できる地域住民が主体的に設置した組織である。ただし、予野区は花垣地区の五つの区のなかで最も大きいため、予野区の区長が花垣地区区長会の会長を兼任し、さらに花垣地区住民協議会の会長も務めている。

◉――予野集落の機能と役割

現在の予野集落の構成をみていくと、この集落を単位とする予野区の中に、小場《コバ》と称する地縁組織が存在している。このコバ内にさらにいくつかの組《クミ》があり、地縁結合優先の村落が形成されている。まず、このコバの機能と役割はどのようになっているのかみておきたい。

コバの中にはいくつかのクミがあるが、クミ長は家が交代でつとめ、二年ごとに交替していく。クミ長はコバの会議に出る。この会議は予算、決算、村の選挙など年に四回ほど開かれる。コバ長は、クミ長の中から二年ごとに選挙で選ばれる。さらに予野区長は二年交代であり、選考会でコバ長とクミ長が寄り、相談して決める。

区長、コバ長、クミ長といった役職の下に、コバの中の世話人として大年預《おおねんによ》がおり、一年任期で行政からの配布物を配る。ただし、クミ長と大年預が重なる場合もある。また小年預《こねんによ》がおり、一年任期で農業関係などの配り物と集金を行う。こうした年預《ねんによ》が行事や会議の準備と後片付けを担当する。

このような地縁関係以外では、本家、分家の関係から成り立っているヨリキという関係がある(7)。しかし親戚が遠方に住んでいることがあるため、支障をきたす場合もある。このことからもコバ、

〈写真1〉前出コバを眺める

クミの果たす役割は大きい。

予野集落の中央部には予野川が流れている。この予野川の北側には、西から西出コバ、前出コバ、上出コバの順で位置している。また予野川の南側には、西から千部コバ、広出コバが位置している。

西出コバは四組から構成されており、東組九軒、東中組九軒、西中組六軒、西組十軒の合計三十四軒である。このうち三軒は空き家である。前出コバは四組から構成されており、上組八軒、中組七軒、下組八軒、荘賀組八軒の合計三十一軒である。このうち一軒は空き家である〈写真1〉。上出コバは四組から構成されており、向出組五軒、上組六軒、中組六軒、下組七軒の合計二十四軒である。このうち三軒は高齢で役のできない家である。

千部コバは二組から構成されており、前組七軒、後組七軒の合計十四軒である。このうち四軒は空き家である。また十四軒のうち四軒は高齢で役のできない家である。広出コバは五組から構成されており、東組八軒、西組十二軒、南組八軒、北組七軒、中組八軒の合計四十三軒である。このうち五軒は空き家である。

したがって、二〇一五（平成二十七）年現在、予野集落では五つのコバがあり、世帯数は百四十六軒である。しかしながら、空き家と高齢で役の

〈写真2〉花垣地区戦没者供養の様子（花垣地区住民自治協議会提供）

できない家が少なくない。広出コバでは、各組ごとに、正、副一人ずつのクミ長とクミ長の補佐がおり、コバの機能としては変化のないことが窺える。一方千部コバでは、二年前に、大年預、小年預の制度が廃止された。これは、五つのコバの中でも、特に時代の変化に直面したコバであったことを示すものである。

◉——予野集落の主な行事

予野集落では、主にどのような行事が行われているのかみておきたい。この集落では、他の集落と合同で毎年、四月の第二日曜日に花垣地区戦没者供養を行っている〈写真2〉。旧花垣村の真言宗の二ヵ寺、日蓮宗の一ヵ寺、神社の二社、以上の五つの寺院と神社が、それぞれ五年に一回会場当番となっている。予野集落にある花垣神社と、江戸時代に花垣神社の別当寺であった真言宗の池辺寺も、その会場になる。

予野集落では、池辺寺と日蓮宗の立正寺の檀家に二分されるが、これらの檀家はすべて花垣神社の内氏子でもある。二〇〇四（平成十六）年十二月十二日挙行の花垣神社御鎮座一千年紀年祭では、総事業費四千九百九十七万円（寄付四千七百八十二万円、雑収入二百十五万円）の事業費のもと神社の大改修が行われた。

この時花垣神社に貼り出された寄付一覧をみると、内氏子百四十五名から千四十六万円の寄付、外氏子二百六十二名から五百二万円の寄付、篤志者九百九名から三千二百三十四万円（このうち予野区からは二千五百万円）の寄付があったことがわかる。この寄付金からみても、予野集落の人々にとって、いかに花垣神社が大切にされているかが理解できる。

ここで、花垣神社の一年間の行事をみておきたい。元旦には歳旦祭があり、宮司に祝詞をあげてもらう。この日は、予野区の区長、コバ長、各種団体の長が門松やしめ縄を準備するために二十名ほど集まる。そして、予野集落約百五十戸の安全を祈り、宮司に祝詞をあげてもらう。予野集落から選ばれた小学生の舞姫さん二人と、太鼓や笛（横笛）を用いる三名の楽人さんも参加する。

二月十一日には祈年祭がある。この日は、予野集落の厄年にあたる人の祈願があり、外に出て行った人の場合、その家の人が代理でお参りする。この日の祭りも歳旦祭と同じく、舞姫さんと楽人さんも参加する〈口絵1〉。七月下旬の日曜日か八月上旬の日曜日に、この花垣神社奉仕会主催の神社および神社周辺部の清掃があり、地元の老人クラブのメンバーも参加する。花垣神社奉仕会の会長はコバ長とは関係がなく、一回、三年の任期であり、①上出、千部と共同　②前出③広出　④西出の順番で回ってくる。

十月一日には、花垣神社と池辺寺それぞれの神社とお寺で豊穣会があり、小さな亀を獲ってきて、お宮さんの池（亀池）に亀を離す風習がある。この時は、舞姫さんと楽人さんは呼ばない。

同じく十月には、十八日に大祭がある。この時、各コバからお餅を奉納する。前出コバの場合は、氏子総代の家から午後二時過ぎに、大年預が餅を吊るしていく。神棚にはお餅を奉納する。宮司の祈祷があり、舞姫さんと楽人さんも参加し、予野集落の家族の安泰を願う〈口絵2〉。その日の内に、大年預がコバにある各世帯分にお餅を分け、一軒ずつお餅を配る。家の中では、女性や親戚の人までがお餅を分けてもらう。

上出コバの場合は、氏子総代の家から、小年預二人が餅を吊るしていく。神社へお餅を二つ重ね奉納するが、一つは神社用であり、もう一つは小年預がその日中に引き下げコバの人に配る。千部コバの場合は、頭屋でお餅をつく。氏子総代一名、頭屋の家から一名、来年の頭屋の家から一名が神社へお餅を奉納しにいくが、当番年の頭屋の人と来年の頭屋の家の人が餅を吊っていく。この日は子供神輿も行われる。

この大祭は、予野集落で最も大きなお祭りであり、提灯の火を灯すまでには三日ほどかかり、前の日から火が灯る。この時、氏子総代は神社を見守っている。この祭の準備には、二日ないし三日ほどかけている。こうした大きな行事以外では月例祭があり、月の最終の日曜日に行われている。この月例祭は、氏子総代と宮司だけで実施されている。八重桜と関わりの深い花垣神社では、総代が各コバから一名ずつ選出され、合計五名おり、一回三年の任期となっている。

また花垣に由来する八重桜を鑑賞する観桜会が、区の主催で、毎年四月二十九日に行われる。この日予野集落の公民館「なごみ」で、午前十時から二百人入る大ホールに、世帯主約百四十人余りが集合して宴会が行われる。この時、宮司、氏子総代、市長、県会議員などが招待される。

予野集落で世帯主が集まる唯一の機会となっている。

八重桜保存会は十人で構成されており、八重桜保存会の会長は歴代の区長が兼任する。この保存会は、氏子組織とは直接関係のない団体であり、氏子総代には入ってもらわないことになっている。この八重桜を代々守っている花守りの家は、予野集落の広出コバに四軒あり、年に二回ほど、八重桜周辺部の草刈りを行っている。

続いて、コバレベルの主な行事をみておきたい。西出コバには観音講がある。毎月、観音講で十人くらいが拝む。初ごもりが観音堂（西出コバのお寺）で一月十七日に行われる。池辺寺の住職が護摩を焚く。観音さんのところで夕方、参加者はおこもりをして食事をとる。女性のみの参加であるが十人ほどが参加する。この行事では護摩法要を行い、家内安全の祈祷、護摩焚きを住職にしてもらう。そしてコバ長が池辺寺から一軒一軒お札をもらう。この後、コバの人達は宴会に行く。

八月十七日には盆の施餓鬼があり、朝、掃除をする。そしてその後はおこもりをして、昼頃に解散する。十二月三十一日には、晩から一月一日の朝の十時まで、観音堂の前で薪を燃やしてかがり火をする。一日、各自がお参りをしてお神酒をいただく。その後は区の役員が後片付けをする。

また上出コバと前出コバでは合同で、池辺寺の住職を呼び、薬師堂の護摩焚きを行っている。一月十二日は上出コバの当番であり、八月十八日は前出コバの当番である。この日は、前出コバの老人クラブのメンバーが朝掃除をして、薬師堂の中は役員だけで掃除をする。お昼には、前出コバの公民館で、老人クラブのメンバーがお酒と食事を招待される。

護摩焚きは三時から、一時間くらいかけて行われる。供養の後、お参りした人がお供えをあがった後で、掃除をしていただいた人に、その残り物をお下がりとして配る。ただし、この時はお菓子だけ配る。この後、役員のみの食事が前出コバの公民館で行われる。この時、前出コバからは大年預か小年預のどちらか一人が参加、上出コバからはコバ長一人、組長四人、大年預二人、住職一人が参加する。この時コバ長の奥さんがお茶を出す。

池辺寺と立正寺の檀家である予野集落の人々には、正月、春の彼岸、夏のお盆、秋の彼岸と季節ごとに、お寺へお参りする習慣が残っている。したがって、今日社会の変動にともない、昔からの風習がなくなっているむらも少なくないなか、予野集落では、今もって神仏を大切にする風土が残っていることが理解できる。

◉——青蓮寺開拓事業が進行したむら

かつてこの地域は、水田単作が主体であり、一九六〇（昭和四十）年代前半の時期まで、水の便が悪かった。『青蓮寺開拓誌』には、この地区の湿田においては、上流では排水路がなく、田越しに排水しており、中流においても排水路は整備されていなかったことが記されている。そして、農業用排水施設が未整備であったことに加え、常時干ばつに見舞われた地域であったという。

このような背景には、この地域が紀伊山地と布引山地の風下にあたるため、四月から九月の降

〈写真3〉青蓮寺開拓事業前の天水依存の常時湛水田（森中喬章氏提供）

水量が過少となり、用水の不足につながりやすい状況があった。また谷地田の谷頭に構築された多数の溜池は、単に河川取水不能という理由だけではなく、雨不足に対応するものであった。また各農家の田が、谷間のあらゆるところに点在しており、大変複雑になっていた。

予野村では、百八の小規模な溜池が分散的に存在していた。そして、このうち九十二の溜池が百歩（百坪）未満であった(8)。そのため、水田の大部分は区画の狭小な棚田か、天水依存の常時湛水田であったので〈写真3〉、農業機械の導入を阻害していた。

我が国において水田に動力機械を導入した面積の割合が、七〇％に達したのは一九六二（昭和三十七）年であった。これが、一九六四（昭和三十九）年には八〇％を越えた。そして一九六五（昭和四十）年には、九〇％台に達するというように、急速に進展していく。

花垣地区では、一九七〇（昭和四十五）年当時、動力耕運機、農業用トラクターの台数五馬力未満が全体の七五％にのぼり、十馬力以上の農業用トラクターは存在していなかった。これは、花垣地区が区画の狭小な湿田の集まりだったことから、田から水が噴き出し、機械が壊れやすい条件下にあったためである。このことからも農村地帯としての花垣地区は、全国的な流れからも大変遅れていたことがわかる〈表1〉。

このような状況を解決するために、青蓮寺開拓事業では谷間にある田の二七〇ヘクタールの圃場整備を行うことが目的の一つとされた。これは、周辺の慢性的な用水不足の既存農地に、用水補給を行うものであった。この事業では、田の用水整備と同時に、山林・原野等を開発することも目的の一つとされた。畑地の造成には、五一二ヘクタールの土地に用水補給を行うとともに、灌水に必要な水量を、青蓮寺ダムより取水できるように計画された。

このために必要な水源を、淀川水源開発事業により建設された青蓮寺ダムに求め、国営総合農地開発事業として実施されていく。この事業は、工事が開始されて以来十八年の歳月をかけて、一九八五（昭和六十）年度をもって完成した。総事業費には百九十億円が投入された。この事業が完了して以来二十年以上経った現在、この国営事業の影響は、莫大

〈表1〉農業機械個人台数（1970年当時）

地区名	台数	5馬力未満	5～10馬力未満	10～15馬力未満	15～20馬力未満	20～30馬力未満
旧上野市	1,235	413	695	119	8	
府　中	404	129	231	41	2	1
猪　田	320	108	176	34	2	
中　瀬	273	97	152	21	3	
友　生	368	103	212	1		
花　垣	320	240	80			
伊奈古	354	90	207	54	2	1
比自岐	217	85	120	12		
諏　訪	73	22	46	5		
神　戸	358	89	210	57	2	
古　山	223	149	72	1	1	
合　計	4,145	1,525	2,201	396	21	2

出所：上野市『統計から見た上野市　第17集（昭和46年版）』1971年より引用
注）農業機械は、動力耕耘機や農用トラクターなど全部の機械を含む。

な遊休農地の問題へとつながっている。

◉——むらの水源事情

日本の多くの農山村では、一九六〇年代（昭和三十五〜四十四）年までには水道が普及していたが、予野集落では一九八八（昭和六十三）年になって、ようやく上水道が引かれた。そのためこの時期まで、この集落には洗濯機がなかったといわれる。一九八七（昭和六十二）年に簡易水道の工事が始まり、一年かけてこの工事が完成した。だが配水する段階で、これは市の上水道に移管された。

これまでこの集落では、水源地になるほどの豊富な地下水はなかったが、この地域の地下水には「カナケ」と呼ばれる鉄分の多い赤茶けた水が多少は存在していた。少し鉄分の少ない水は「サニゴリ」と呼ばれ、笹のような色であった。このため飲み水にするには、半日から一日かけて、鉄分を沈殿させなければならなかった。このように飲み水を確保することは、大変なことであった。

集落の人々が日々の水の補給をするには、家の外にある井戸から水を汲み上げ、バケツで運んでいた。井戸があっても屋根がなく、雨水もたくさん入っていた。そして、洗面器一杯で洗濯をしたり、歯をみがいたりしていた。そのため、垂れ流しをするということはなかったという。井戸では、つるべとか、簡易ポンプを使っていた。風呂は腰湯といったほど水が大切に使われていた。通常、溜池の水も洗濯に使われていたというが、井戸から汲み上げた風呂の水でも、洗濯の一度目の水にした。

T氏の話によると、それでも渇水の時期がくれば、「親戚の家がある隣村の奈良県月ヶ瀬村（現奈良市）まで、洗濯物を運び出し、洗いにいっていた」という。また「家は合掌造りのため、屋根裏部屋に柴や薪をためこみ、風呂や炊事のために、これらを使っていた。一九八八（昭和六十三）年に水道が引かれるまで、毎朝、一月七日から三月二十一日まで、天候の悪い日以外は夫婦でリヤカーを使い、柴刈りにいっていた」ともいう。

そもそも水脈のない家は「もらい水」で水を確保していた。いわゆる井戸のない家は、三軒ほど先にいってもらうこともあった。一方、井戸水を使っている家では、夏場がきたら水が枯れてしまい、飲み水さえなく、近所へもらいにいかなければならないこともあった。また雨水を洗濯に使うこともあれば、風呂に使う場合もあった。夏になると釜でわかした湯を木の桶に入れ、それを風呂場としたが、すぐに湯は冷めた。この湯は「もらい湯」として、近隣に配ったり、配られたりもしていた。食事に関しては、浅い井戸からポンプで炊事場まで水を運んだ。そして、炊事場にあるかめに水を入れ、これを日常的に食事用に使っていた。

なお葬儀の時には、特に水が必要とされた。そのため、各家では樽に水を貯えていた。これが二つも三つも用意されていたのである。なぜなら、クミの人が三日間にわたり、この水で魚を調理しなければならなかったからである。そして葬儀のあった家では、クミの人に盛大なもてなしをした。また親戚の者には風呂に入ってもらっていた。このように、葬儀の時には大変多くの水が使われていた。組では、遠い親戚より近くの人ということで、家の新築の時や葬式の時、病人が出た時、このような場合には、特に水の供給の面でお互いに便宜を図っていた。

つまり、お互いに水の供給で助けあわざるを得ないという、むら独自の生活がここにはあったのである。それゆえ予野集落では、一九八八（昭和六十三）年になるまで、水に関わる生活の苦しみから抜け出すことはできなかった。

◉――産廃業者進出に至る予野集落の事情

産廃業者が予野集落に受け入れられたのはどのような理由があったのか。ここではこの集落の事情をみておきたい。最終処分場の施設を持つ産廃業者であるM社は、一九八四（昭和五十九）年に旧花垣村の大字予野で事業を開始した。一般に産廃業者が進出しやすい地域は、交通の便が良い過疎地等の自然が豊かなところである(9)。しかしながら、産廃業者が地域社会に進出するのは、このような立地条件ばかりではない。

なぜなら、この集落において産廃業者を受け入れた背景には、この集落が近年まで水不足に悩む地域であったことが大きく影響していたからである。前述したように、実際、一九八八（昭和六十三）年に水道の給水が行われるまで、無給水源地域であった。それゆえこの集落では、悲願として簡易水道の設置等の事案を要望していた。

一九八二（昭和五十七）年当時、予野集落を単位とする予野区の自治会では、産廃業者から集落内の簡易水道の資金を充ててもらうことを条件に、廃棄物処理施設設置に、住民の同意がなされた。業者と公害防止協定を締結の後、千万円の補償額を受納する形で、廃棄物業者の受け入れをはかったのである(10)。

このように産廃業者受け入れの背景には、予野集落における生活基盤として必要な水道水が、未整備であったこととも深く関わっていたのである。

◉——予野集落の農業者を取り巻く環境

青蓮寺開拓事業の結果、予野集落の人々にとって農業を取り巻く環境がどのように変化していったのか、ここではみておきたい。

青蓮寺の開畑面積は、二〇〇五(平成十七)年時点の統計によると五一〇・二ヘクタールである。そのうち、植栽面積は二八三・六ヘクタール(五五・六%)であり、休耕地その他の面積は二〇〇・九ヘクタール(三九・四%)となっている。休耕地その他の面積に焦点をあてると、一九八八(昭和六十三)年には、七五・八ヘクタールであったことから、大変な勢いで休耕地その他の面積が増えていったことがわかる。

このような現象の背景として、農家の負担金が大きな影響を及ぼしていることが考えられる。青蓮寺開拓事業では、予野区が青蓮寺開発地区内において、最も大きな開畑面積を持つ集落とされた。そのため、一九八九(平成元)年度に本格的な事業賦課金の徴収が始まった際、集落内で初年度に事業賦課金を払うことができた農家は、百二十七軒のうち百一軒であった(11)。

実際、事業賦課金については、一九九五（平成七）年度から二〇〇〇（平成十二）年度の間が、最も大変な負担を強いられた。この当時、年間の事業賦課金が二百万円以上の農家が六軒、百万円以上二百万円未満の農家が九軒も存在していたのである〈表２〉。

この予野集落内では、青蓮寺開発事業の結果、一ヘクタール以上の配分を受けた農家が約三十軒にのぼった。一九八二（昭和五十七）年五月の「青蓮寺営農だより」によれば、これまでさまざまな作物がそれぞれの農家の意向によって自由に作付けされていたため、これといった作物の定着は少なかったと記されている。その後、一九八二（昭和五十七）年になって、ようやく野菜を栽培したい農家が

〈表2〉青蓮寺総合農地開発事業による平成七年度事業賦課金（伊賀市予野集落）

	上出コバ（軒数）	前出コバ（軒数）	広出コバ（軒数）	千部コバ 西出コバ（軒数）	合　計（軒数）
25万円未満	9	10	27	30	76
25万円以上50万円未満	3	5	7	10	25
50万円以上75万円未満	6	4			10
75万円以上100万円未満		2		1	3
100万円以上150万円未満	3	3		1	7
150万円以上200万円未満	1	1			2
200万円以上250万円未満	1	2			3
250万円以上	1	2			3
農家数	24	29	34	42	129
世帯総数	26	32	45	千部16 西出32	151

出所：青蓮寺用水土地改良区『青蓮寺用水土地改良区　平成七年度事業賦課金徹収簿』青蓮寺用水土地改良区　1995年より作成

集まって、品目の統一と面積の拡大をねらいとした予野野菜部会が発足したのであった。しかしながら、後にこの地域では、著しく耕作放棄地、および貸付け耕地面積が増えていくのである。

国営のパイロット事業がより良い農業地域を目指し、遥か遠くの名張のダムから農業用水を引き、土地改良を行った。おかげで田畑は耕作しやすくなり、干ばつに苦しむこともなくなった。だがこの事業の受益地域の人々は、多額な負担金を国から借金という形で請け負うことになった。そのことからも割の合わない不安定な農業だけではやっていけず、若い人が農業離れを起こした。その結果、せっかくの田畑が荒れてしまったのである。結局、国営パイロット事業の負担金の返済が、それぞれの農家にとって、他産業への就業へと向かわせることになってしまった。

一九八七（昭和六十二）年当時、前出コバでは集団化の方向性を模索していた。だが、その他のコバでの一般的な見解は、「国営事業が終わって二年ほど経過した一九八七（昭和六十二）年頃から、農業だけでは生活できなくなり、その時以来、出稼ぎにいかなければならなかった」ということであった。このことからも、一九八六（昭和六十一）年当時、予野集落内で七名により結成されたアスパラガスの生産組合が、まとまって産地形成(12)へと展開していくのは困難であったことがわかる。

●——青蓮寺開拓地の現在の担い手

今日予野集落では、専業農家は二軒のみである。ほとんどの田はむらの人自身で作っているが、畑はむらの人自身で作っている割合は三分の一にも満たない。それに関して青蓮寺開拓地の担い手はどのようになっているのか、ここでは、その状況をみておきたい。

現在、青蓮寺開拓地のうち、主に予野集落の人々の田畑を預っている法人は四つある。一つ目の法人は、予野集落のむらの人が所有する田五町、畑五町（上出）を預っている。二つ目の法人は、田二町、畑で二十八町、合計で三十町を預っている。田畑をあわせると予野集落の三十軒あまりが預けている。三つ目の法人は、畑で二十八町を預っている。四つ目の法人は、畑で二十町を預っている。四つの法人のうち一つの法人は、一九八二（昭和五十七）年に予野区が受け入れた産廃業者M社の傘下にある農業組合法人Nである。

こうした四つの法人が開拓地の田畑を預かっている背景には、現在の青蓮寺開拓地の畑が広すぎて、農業の担い手である高齢者には手におえないからである。実際、水代は家によって違うし、貸している方か、借りている方か、どちらが水代を持つかで大変な違いがある。三町の畑で年間二十万円はかかる。水代管理費として、一反あたり畑は四千円、田は三千五百円の経常経費がかかり、法人によっては、水代をもってくれるところもある。

通常田畑の賃貸契約は、年間一町二十五万円ないし三十万円である。これだけの賃貸料であれば、水代くらいは払える。そのため、予野集落の人々の多くが、この四つの法人に田畑を預けている。したがって、この四つの法人は、予野集落の人々が所有する青蓮寺開拓地の田畑の維持に、多大な貢献をしているのである〈口絵3〉。このような法人がなければ、さらなる耕作放棄地の増大につながっていたことは明らかである。

◉——予野集落の人々にとっての都市・農村交流

予野にある農業公園は四・五ヘクタールあり、国の補助事業のもとに当時の上野市が、一九九八(平成十)年四月一日に、市民ふれあい農園とふれあい広場をまず開設した。また翌一九九九(平成十一)年四月一日には、農村ふれあいセンターを開設した(13)。

社会学者の鳥越皓之氏によれば、「地域資源」(値打ちが認識されている地域の物質や組織や共同意識)を使用可能な状態に変型したものが「地域資本」であり、資源はまだ「ある」という段階であり、資本は「使う」という段階に至ったものを意味するという[鳥越 二〇〇九]。

ただ、地域資源を商品化していく方向性よりは、地域資源を住民の生きがいの場として考えていく必要性もあろう。こうした地域資源の一つに、大字予野の農業公園は位置づけられるのであり、この公園を通した都市・農村交流の状況をみていきたい。

都市農村交流は、しばしば「交流疲れ現象」を招く。交流当初は取り組みに熱心に参加できるのであるが、二、三年後には、「都市の者に頭を下げてサービスをして、地域に何が残ったのだろう」という疑問とともに、参加者の疲れが増す現象をいう。それにより、最終的には活動が崩壊した例も少なくない[小田切 二〇一三]。

だが予野では、第一回の農業ふれあい祭りが一九九七(平成九)年に行われて以来、二〇一五

（平成二十七）年で十八回目となる。ここでは、農業ふれあい祭りの様子についてふれておきたい。

毎年海の日に、農業ふれあい祭りが予野の農業公園で行われる。地元伊賀市のケーブルテレビでは、海の日に農業ふれあい祭りの開催されることが宣伝されている。二〇一二（平成二十四）年の第十五回農業ふれあい祭りでは約千人(14)、二〇一三（平成二十五）年の第十六回では約二千人〈写真4〉(15)、二〇一四（平成二十六）年の第十七回では約千五百人の参加があった〈口絵4〉(16)。

〈写真4〉2013年の海の日に行われた農業ふれあい祭りの様子（花垣地区住民自治協議会提供）

予野の農業公園では、貸し農園やグランドゴルフ場があり、他にもログハウスおよび農村ふれあいセンターが設置されている。ここでは貸し農園である市民農園が二百ほどある。名張市や大阪などの関西方面の人が畑を借りている。

農業ふれあい祭りは、午前九時から午後三時までの開催である。二〇一一（平成二十三）年の第十四回の場合、舞台や広場では、津軽三味線、太鼓、民謡、バンド演奏、カラオケ大会、モクモク動物ふれあい広場、餅まき、地元の野菜などが当たるお楽しみ抽選会があった。テントブースでは、地元の新鮮野菜を売る野菜直売所、焼きトウモロコシ、伊賀産麦ラーメン、わた菓子、アイスクリーム、フランクフルト、ドーナツ、お好み焼き、菜種油焼肉、花卉類、木芸品、各種自作製品、さるびの湯のコーナーなどがあった(17)。

ブースの中には、子ども対象の昼食を食べるブースもある。また子どもには、無料で風船が配られるブースもある。とりわけ業者による伊賀牛の焼肉コーナーは、毎年長蛇の列である。またモクモクファームのブースでは、親子が動物とふれあうコーナーがあり、年によって牛であったり、ヤギであったりする(18)。モクモクファームと予野集落の住民の一部は、青蓮寺土地改良区の開畑地において貸借の関係にあることからも縁が深い。そうしたことから、ブースは地元以外、農協や伊賀市、モクモクファームと業者が多様性に富んでいる。

毎年この農業ふれあい祭りで開設される野菜直売所へ出荷するために野菜を作っている人は、予野集落の七十歳代を中心に三十名ほどいる。この三十名ほどは、四月頃からこのふれあい祭りの準備をしている。年によっては、海の日が一週間早いとスイカは間に合わなくなる。トウモロコシが、良い時期に出せない場合もある。ふれあい祭りにおける野菜直売所での様子では、ピーマンの売れ行きが悪い。スイカは良く売れるため、昼からの人の分がない。カボチャは売れ行きが良い。最も売れるのは、プリンスメロン、スイートコーン（トウモロコシ）であるが、当日の朝、収穫する。

予野集落で出荷する人は、トマト、キュウリ、ナスは七月二十日頃に収穫できるように栽培している。ナスは毎年出る量が少ない。生鮮野菜はしおれてくる弱みがあり、売りにくい面がある。冷蔵庫・冷凍庫を使って長持ちさせるということはできない。いろいろと気を使いながらも野菜を出す農家は、この日を楽しみにしている。

このような農業ふれあい祭りを主催しているのは、「明日が楽しみな里づくり委員会」である。この委員会は二十五人で構成されており、委員長は伊賀市予野区の前区長が就任することになっている。区の役員からは、区長一名、各コバから一名ずつ合計五名が選出されている。予野老人クラブから会長を含め合計四名が選出されている。青蓮寺土地改良区の役員も、各コバから一名ずつ合計五名が選出されている。

その他この委員会では、農業公園の管理人の三名が選出されている。また予野区の元区長や「明日が楽しみな里づくり委員会」の元委員長などの六名もこの委員会に加わっている。つまりこの委員会では、区からの援助があり、地元予野区の役員さん達も協力する体制となっている。

この農業ふれあい祭りの準備には、地元の委員会のメンバー以外にも伊賀市や農協も協力している。実行委員会は事前にプログラムを組むが、伊賀市の市長、副市長にも案内状を出す。ブースを出す業者には代表者に申込みをしてもらう。当日、ブースは四十ヵ所ほど開設される。農業公園にあるグランドゴルフ場に、農業ふれあい祭りの前日、舞台やブースを設置する。当日までに、準備の打ち合わせを目的とする会議が二回ほど開かれる。当日は、伊賀森林組合、三重県伊賀地域農業改良普及センター、モクモクファームからも応援の人材が派遣される。地元の女性のボランティア五、六人もイベントのお手伝いをする。このように多くの人の手を借りて、農業ふれあい祭りが実施される。

市民ふれあい農園に設置されている農園管理棟であるログハウスや、農村ふれあいセンターは、伊賀市から「明日は楽しみな里づくり委員会」が指定管理を受けており、建物一式の管理に対して、市から交付金を受けている。そのため、ログハウスの管理や農村ふれあいセンターの管理については、ローテーションをしいて、地元の人を常駐させている。草刈りの費用は市の交付金から出ているが、ふれあいセンターで借りるグランドゴルフの道具は、住民自治協議会で賄っている。

また「明日が楽しみな里づくり委員会」では、土手の草刈りを、メンバーの二十五人で行っており、農薬は使わない。草刈りは四月、六月、七月、十月の年四回行っている。農業公園に隣接する青蓮寺土地改良区の開畑地で無農薬で野菜を作っている人に配慮して、除草剤は使わないのである。農業公園では雑草対策として、この委員会が、常時、三名の草刈り専門の人を雇っている。

この農村ふれあいセンターでは、グランドゴルフができるグランドも完備している。地元では、週三回グランドゴルフをしている人もいる。週に一回、外部からグランドゴルフをしに来る人は、名張方面からが多い。グランドゴルフには、多い時で四十人くらいは来ていたが、現在来ているのは十五〜二十人ぐらいである。メンバーは六十歳くらいから九十歳くらいまでの年齢構成である。伊賀市でグランドゴルフをしている人は、千二百人の会員がいる時期もあったが、現在は九百人ほどであり、花垣地区では、約四百軒のうち九十人ほどである。

この農村ふれあいセンターでは、畑の一部を市民農園として借りている人や野菜を作りたい町の人に、農協関係者が講座で野菜の作り方を教えている。その他、施設の利用としては、豆腐づくりやそばづくり、ソバ打ち体験や料理教室、パーティーの催しなどに地元予野の人が使用している。このセンターは、土曜日、日曜日は休みで週五日開いている。一方、市民ふれあい農園内にある農園管理棟であるログハウスでは、市民農園を借りている人に、畑を耕すための小型の農機具の貸し出しを受け付けている。しかし、この市民農園を借りている人は、最近では自分で道具を持って来る人も多い。

このような市民ふれあい農園では、市民農園を借りている人に、上手く野菜ができているか、地元予野集落の人々が声をかけることもある。そして地元の人が、野菜づくりの指導や相談にのったり、世間話をしたりすることもある。市民農園では、定年退職者百七十人から百八十人が農業に従事しているからである。この農園に来ている人達は、ダイコン、ニンジン、トマト、レタス、スイカ、カボチャなどを生産している。

農業ふれあい祭り以外に、農業公園では十月に「明日が楽しみな里づくり委員会」が実施する「どろんこいも掘り大会」もある。十月にいも掘りをするための準備として、いもの苗を毎年、六月上旬に植える。いもの苗は、二反に一回で三千五百株ほどを植える。地元の人が五人がかりで植える。

こうして「どろんこいも掘り大会」が、毎年十月に二回実施される。十月下旬の一回目は、地元の予野保育園と伊賀市内の二つの保育園、合計三つの保育園から約二百人の園児が参加する。十月下旬の二回目は、農園を利用している人の家族二十名ほどが参加する。この時はいも掘り以外に、いもを試食してもらったり、ポテトを作って食べてもらう。この時、「明日が楽しみな里作り委員会」からも十五名ほどが参加する。

このように農業公園の利用価値は多目的施設として価値を持っているばかりではなく、予野集落の人々にとっても生きがいの場ともなっているのである。

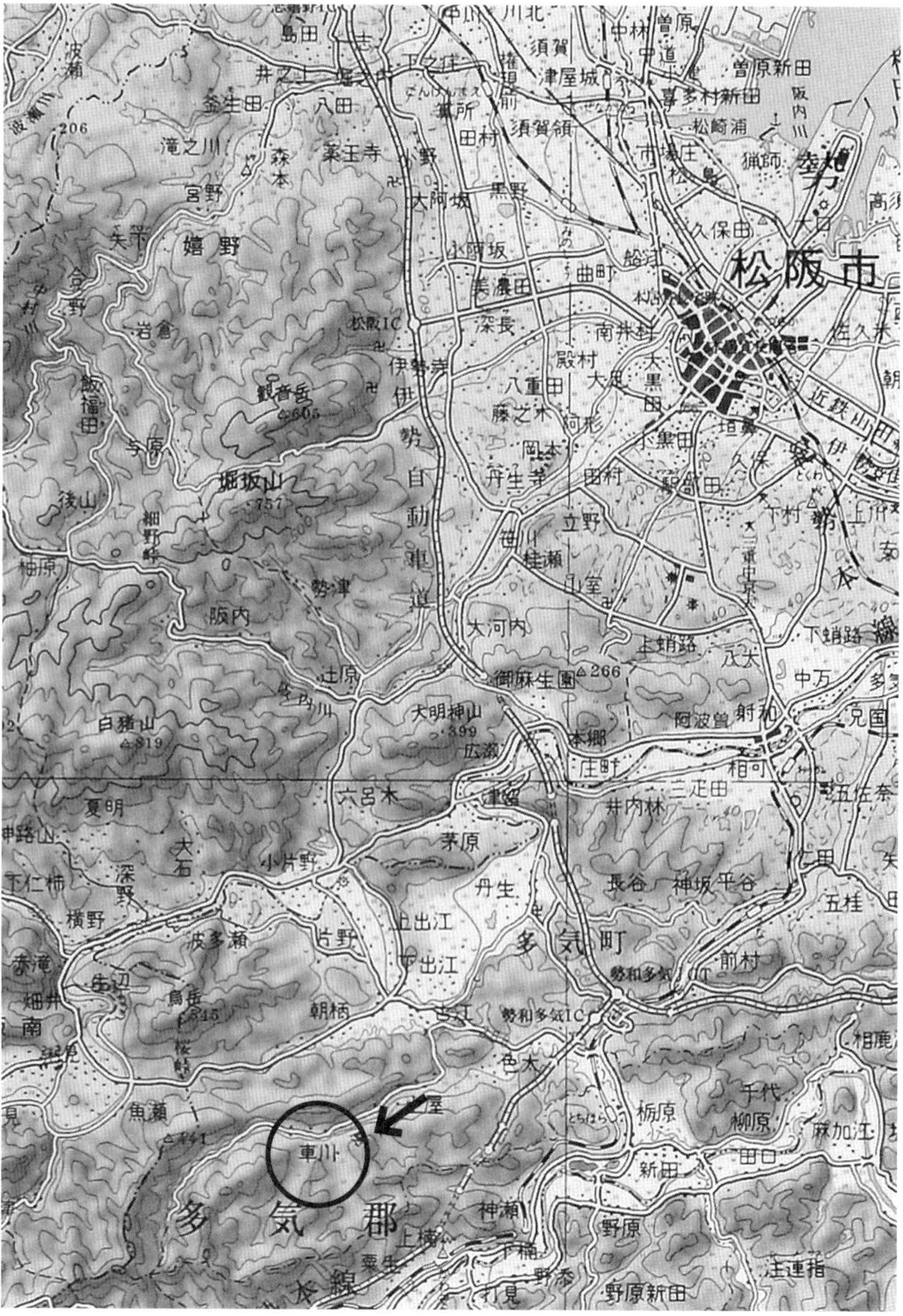

多気町車川集落の位置〔国土地理院発行の20万分1地形図(部分)を使用〕

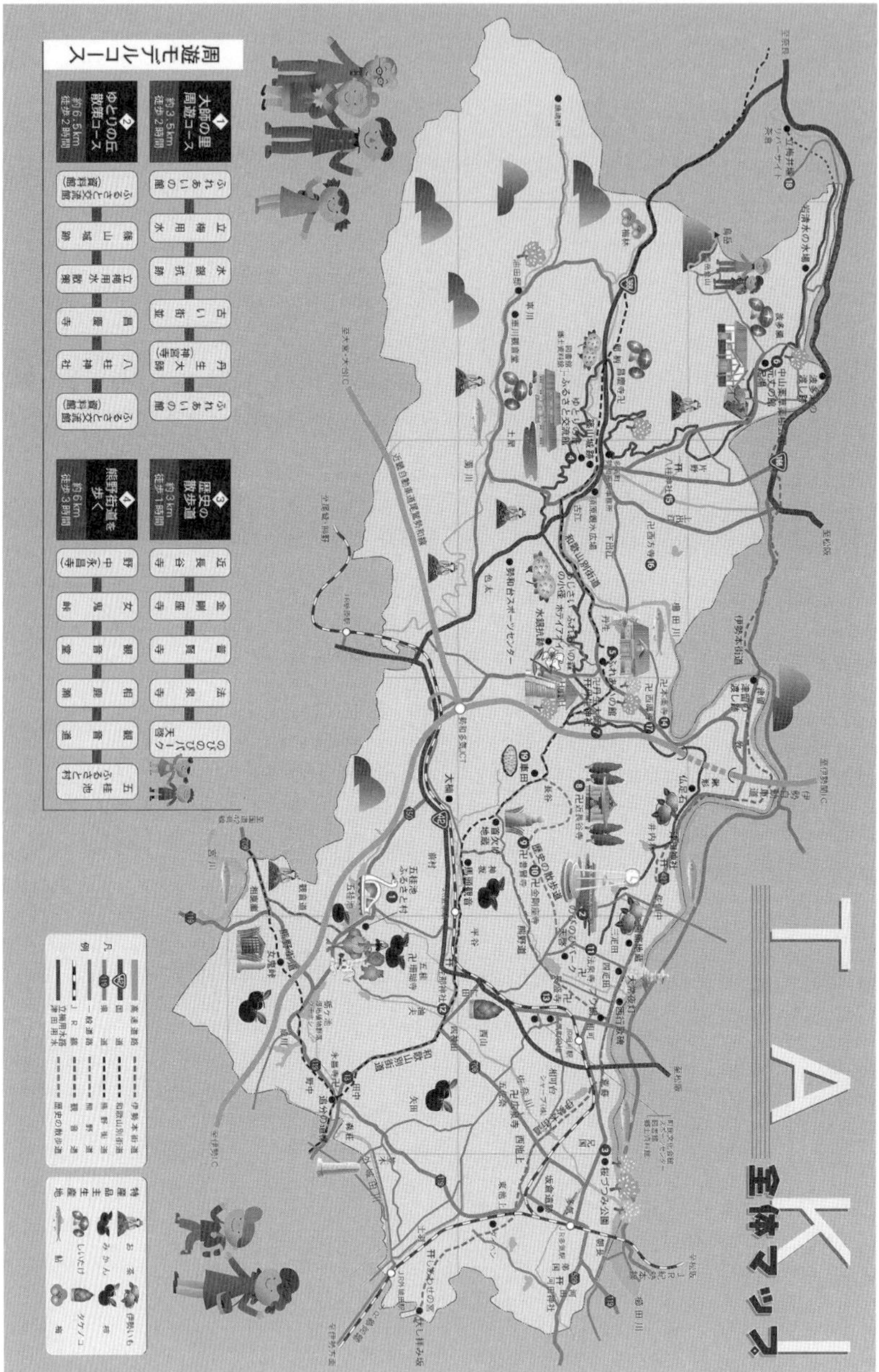

多気郡全体マップ（多気町役場提供）

〈写真5〉昭和40年代の車川の様子
（大西治氏提供）

Ⅲ　現代の伊勢のむらを取り上げて

◉――三重県多気郡多気町車川集落の概要

車川村は江戸期から一八八九（明治二十二）年までの村名である。この車川は、「天保郷帳」では二百四十八石余であった。車川は元々土地が狭く、山の谷間にあるため、人々は主として山仕事・炭焼きなどで生計をたてていた。

一八八九（明治二十二年）四月一日、町村制の施行により、古江村、朝柄村、片野村、波多瀬村、車川村、土屋村、色太村をもって五ヶ谷村が誕生した。その後五ヶ谷村は、一九五五（昭和三十）年、丹生村と合併して勢和村となった。勢和村は、二〇〇六（平成十八）年、多気町と合併し、新しい多気町となった。

車川集落では、むら単独で小学校が設置された歴史がない。大字車川については、車川集落を単位とする車川区単独の地域である。この車川は、二〇一〇（平成二十二）年の国勢調査によれば、世帯数五十一世帯、人口百四十八人の集落である。一九七〇（昭和四十五）年当時の世帯数が八十世帯、二百九十一人であることから、人口は半減していることがわかる〈写真5〉。そして現在の高齢化率は三七％である。この車川地域は、七五％が山林の山間地である。

◉——水のきれいな車川と醸造業の痕跡

三重県の中央部からやや南の位置を伊勢湾に向かって流れる清流・宮川は、いくつかの支流が注ぎ込むことによって形成されている。小さな起伏山地である勢和地域の西南部地域を潤す濁川もこの宮川に水を注ぐ川のひとつである。濁川もきれいな清流であるが、戦前、この川の南側にある油田醸造が酒米のとぎ汁で川を白く濁したことから、濁川と名付けられた。

さらに濁川もまた、上津又川、中津又川、下津又川という三つの川が、わずかに存在する盆地形のところで合流して形成されている。この三つの合流点という水に恵まれた僅かな盆地に、いつからか人々は営みを始めた。そしてそこは、やがて「車川」と呼ばれる村落を形成する。

大豆も酒米もさほど多くはない車川に、味噌屋や酒屋が栄えたのは、昔、車川は交通の要所で、大豆、酒米などが遠方より運ばれてきたからである。先の油田醸造では、三重県中部の雲出川流域に広がる一志平野で収穫された、粘りがあり高精白に向く良質の酒造好適米「一志米」を使っていた。運ばれてきた米は水車の力を利用して精米され、炭火で蒸されていた。

油田醸造では、下津又川から濁川に繋がる合流地点付近で取水し〈口絵5〉、水車を設置して酒米をついた。これらの作業はかつて敷地内にあった二棟の蔵で行われていた。現在、水車は取り壊されてなく、昭和七（一九三二）年頃から水車に代わって重油機が使われた(19)。また車川

〈写真6〉戦前、油田醸造が営まれていた頃の様子（寺村善治氏提供）

の水は硬水であり、醸造業に適しており、この天然水を油田邸に引き込むため、山の中に、「まんぼ」という横穴井戸を掘って導水していた。「たまや」の北村醸造は、山水を二〇〇メートルくらいかけて引いていた。

車川集落の生活では、一般に山水は生活用水としてなくてはならないものであった。山水は谷川の水となり、この引水には樋を使っていた。樋は竹を割って節を抜いたもので、それらをつなげて、谷川の水を引いてきた。引いてきた水はかめに貯えた。現在は竹製の樋の代わりにパイプを使っている。

またある家では山の中に先の「まんぼ」を掘って水を取った。昔は今より絶え間なく水が湧き出ていた。一方で井戸を掘るには地盤が固い。それでも掘れた井戸から夏は冷たく、冬は暖かい水が湧き出たという。

戦前、酒屋以外に、味噌屋や醤油屋、焼酎屋もあった。北村醸造は、一七一七（享保二）年五月創業しており、同年十月油田醸造が創業している(20)。それ以来車川は醸造業が盛んになった。そして油田醸造は、代々この地で酒造業を営んできた。この醸造業は昭和の初め頃から衰退していくが、油田醸造は一九四一（昭和十六）年頃まで酒造りをしていた(21)。最終的に一九四三（昭和十八）年には、車川集落に三つあったすべての醸造業が廃業となった(22)。油田醸造は、戦時中の食糧難の時に、主食の米を使って酒を造っていてはいけないとの理由で、酒造りをやめた事情があった〈写真6〉。

油田醸造が廃業になってから六十年以上経った二〇〇七（平成十九）年五月、醸造業の痕跡をとどめる油田家の本邸と油田家所有の大平山の一部の五町歩が、油田家の子孫により旧勢和村に寄贈され、新しく油田公園として生まれ変わることになった。この油田邸には、油田公園と大平山が附随している。

油田家の本邸は、明治期に建てられており、一部は改築されているが、建立時の原型は保持されており、この地方の大型住居を偲ぶことができる(23)。戦前、醸造業は大規模な工場生産に改変され、家内生産の施設が地方から消滅していることから、この建物は残すに値するものである。

●——車川の自然と産業

車川集落では、戦前吉野くずの製造をする人が多くいた。これは山林で冬場に葉の枯れたくずふじ（葛）のいも状の根を掘り起し、よく洗ってから潰して、汁を絞って澱粉を採取する仕事であった。そして車川の人々は、この葛粉をとり出して出荷していた。戦後の植林がはじまってから、原料になるくずふじが邪魔になると切ってしまったため、くずふじは徐々になくなっていった(24)。

雑木山では柴を刈り、割り木を作った。そして山では炭を焼き、自家用の燃料に充てるほか、商人に買い取って貰ったり、大八車に積んで現在の松阪市や伊勢市に売りに行く人もいた。草山では、草を刈り牛馬の飼料にし、マヤゴエ（堆肥）を作って田畑の肥料にした。茅は刈って乾燥し、屋根の葺き替えのために蓄えておいた[25]。

またこれまでこの集落には、大きな林業家がいなかったことから、大規模に植林する力（財力）がなかった。このため多くの天然林が残った。また土砂くずれのおそれのある急傾斜地には、植林をしてこなかった。こうした急傾斜地では、シイタケの原木に使うクヌギ以外の木は残した。車川の山全体に天然林が多かったことが炭焼きの伝統にも影響している。

車川は谷間にある集落であるが、この谷間には中津又川が流れている。中津又川はきれいな水源で、車川地域の水源地になっている。そして車川の上水は、中津又川の伏流水から取水しているため、砂利等で濾過されている。この水源地の水は農業用水にも使われる。車川の農業用水は、樋という水路で通している。「もとゆ」「なかゆ」「したゆ」と言う農業用水の水路がある。田の高低によって、どの水路を使うかが変わる。「もとゆ」は高い土地用、「なかゆ」は中間の土地用、「したゆ」は低い土地用に使う。

この中津又川沿いに上がってくる途中に「炭焼き小屋」があった跡が多数みられることから、昔は炭焼きが盛んに行われていたことが窺える。現在の車川の住民でも、炭焼きの伝統を受け継いでいる人がいる。元区長のM氏は、冬場になると、中津又川沿いの炭焼き小屋で、伐りだしたトチやカシの木から炭を焼き〈口絵6〉、多気町丹生にある農業法人「せいわの里まめや」に、出荷している。

この炭焼きは一九六六（昭和四十一）年頃まで、盛んであったという。炭は一九四〇年代後半から一九五〇年代前半（昭和二十年代）には、松阪方面から買い付けにきていた(26)。

椎茸の栽培は、明治の中頃、車川の寺村善之助氏がほた木にナタで切り目をつけ、山に置いて自然に椎茸菌が付く方法で始められた。椎茸菌をほたき木に打ち込む方法が普及したのは、昭和三十年以降のことである(27)。

また一九六五（昭和四十）年頃、共有林五十町歩で車川の住民が共同でしいたけ栽培を行っていた。共有林は「株」という単位で、それぞれが出資していた。全部で四十五株あるが、そのうち十七、十八株がR家の所有であった。この共有林での椎茸栽培は菌打ちをして、ほた木を組むのは、男性の仕事であった(28)。

しかし椎茸収穫は女性の仕事であった。収穫の作業は、車川から四十人、飯南から四十人の合計八十人で行っていた。椎茸栽培では、四月が最も生産量が多く、年間一〇トン強を生産し、大阪などへ出荷していた。なお共有林の木で、ほた木にできない木は、割り木や炭焼き用の木として用いられた(29)。

現在車川集落において、しいたけ栽培を続けている家はなくなったが、炭焼きができる人は、今のところ三人残っている。

◉——車川集落の機能と役割

車川集落の自治会組織である車川区の組織構成とその役割についてみておきたい。現在車川区の役員会は、区長、副区長、会計が各一名、評議員（組頭）が各組から二名選出され、合計十一名から成り立っている。原則として任期は二年である。ただし、評議員は一年である。そして総会は三月末に年一回ある。役員会は、年六～七回、随時行われている。役員会の議題では、地区内の清掃である道つくりや、獣害の問題、多気町から車川区に委託運営が任されている油田公園の草刈りの日程などについて話し合われる。

車川集落は四組に分かれている(30)。一組では十九軒のうち、役につける家が十三軒あり、高齢で役のできない家が四軒である。また空き家が二軒ある。二組では十二軒のうち、役につける家が十一軒あり、空き家が一軒である。三組では二十六軒のうち、役につける家が十一軒あり、一人暮らしが一軒ある。その他十四軒は空き家である。四組では十四軒のうち、役につける家が五軒あり、一人暮らしの家が四軒である(そのうち三軒は女性である)。また空き家は五軒である。このように車川では、必ずしも村の役につける家ばかりではない。

ここで、車川集落の出会いについてふれておきたい。この集落では、年間の主な出会いとして二〇一四（平成二十六）年度は、五月十七日、弓部山草刈り清掃・鎮魂碑慰霊および道標周辺草刈り、六月一日、県道・町道のゴミを拾う等を目的とした環境美化デー、六月二十三日、油田公園および大平山の草刈り、七月十三日、県道・町道に植えてある「あじさい」の剪定、十月五日、県道・町道等の第二回環境美化デー（台風十八号によって中止）、十月十九日、油田公園および大平山の草刈りが行われた[31]。このような出会いは、体が不自由な高齢者しかいない世帯では免除されているが、原則として一世帯一人は参加するのが決まりとなっている。

特に今日、獣害の問題はむら共有の課題となっている。これまで獣害があるために、耕作が困難になる事態があった。そのため、二〇一〇（平成二十二）年より鳥獣被害防止総合対策事業が実施されており、二〇一五（平成二十七）年度で六年目となっている。この獣害対策は、一応、囲っているところでは効果がある。フェンス張りは、当初、一年に八回、区総出で行われていたが、一通りフェンスを張ったので、ここ数年は車川区の役員及び田畑の受益者のみの出会いで、年に二回ないし三回程度の補強となっている。

しかしながら、シカは川を渡り歩き、隙間を突く。川沿いの道路にはバリケードがつけられていない。実際、猪は防げても、シカとかサルに対して完全に防御することは難しいのである。このような獣害問題は、住民の畑仕事への張り合いとも関わっている。

◉——車川集落の主な行事

車川集落では、神社や寺院に関わる行事が継承されてきているが、どのようにして受け継がれているのかみておきたい。この集落の寺社には、車川八幡社や徳林寺、観音寺がある。車川の住民は車川八幡社の氏子であり、真宗大谷派徳林寺の檀家であることからも、神仏両面を大切にしている。

特筆すべきこととして、車川集落では、毎年五月二十二日付近に慰霊祭が行われていることである。これは、太平洋戦争の末期、一九四五（昭和二十）年五月二十二日、車川の弓部《ゆんべ》というところに日本軍一機の戦闘機が墜落し、八名の尊い命が失われ、その地に鎮魂碑が建てられてから行われるようになった行事である。毎年、五月二十二日前後には鎮魂碑の清掃および慰霊祭が続けられている。

伊勢神宮の末社である車川八幡神社では、二十年ごとに一回、式年遷宮が実施される。二〇一三（平成二十五）年二月十日には、車川八幡神社第四回式年遷宮遷座祭が執り行われた。この式年遷宮では、地元車川の住民である氏子五十三名、車川と縁のある外氏子百五十七名の奉讃者があった。

ここで車川八幡社に貼り出されている寄付一覧をみておくと、内氏子からは二百九十三万円、外氏子からは二百七十一・五万円の寄付があり、合計五百六十四・五万円の寄付があった。外氏子の多くが一万円の寄付をしていることからも、車川と縁を切っていない人がいかに少なくないかが理解できる。

むらの住民は原則として氏子となっているわけであるが、この神社担当の世話役は村の当番制となっており、住民が五人ずつ、一年間関わる。およそ十年に一回は役が回ってくる。世話役の主な仕事は、神社をきれいに保っておくための草刈り、掃除である。毎年世話役は、「しめかざり」を作り、一月一日、車川の住民の初詣に対応している。毎年一月十日頃には神事が行われる。この時、餅ほりが行われ、村総出で参加する。この行事を区切りに世話役が交代する。

寺院は、真宗大谷派の徳林寺がある。車川の住民はこの寺院の檀家である。住職が無住のため、車川集落の住民四十九人が当番で毎日、本堂の開閉と仏さんへの御飯あげ、夕刻に鐘をならすなどの世話をしており、むらの役の一つとなっている。この役は一人あたり年七回程度まわってくる。寺院の年間行事は、二月の永代経、三月の彼岸会と九月の彼岸会、十一月の報恩講と、年四回の大きな行事がある。これ以外に、十二月三十一日の除夜の鐘と一月一日の修正会があり、車川の住民も参加する。

これらの寺院行事は、車川集落に隣接する土屋集落の代務住職によって執り行われている。特に十二月の報恩講と二月の永代経の際には、本堂でおとき（食事）がある。二年間で四回のおときがあり、車川四組の各組は、この二年間で一回は世話をすることになっている。その他、徳林寺の本堂では、各家の一周忌から五十回忌の法事が執り行われている。十一月には、真宗大谷派で慣習とされる報恩講参りも行われ、住職が車川の各家の仏壇にお参りする。

墓地は寺院の敷地にはなく、むらはずれにあるが、墓地委員がむらの役の一つとして決められている。各組から一人ずつ選ばれて車川全体で四人いる。任期は三年である。しかし、墓地の管理は墓地委員だけに任せておくのではなく、年五回、住民による清掃作業がある。墓地委員は、改善センター（公民館）と観音寺の清掃当番も兼ねている。この墓地委員の役割として大切な仕事は、檀家寺ではないむらの寺院である観音寺の大祭、つまり「車川の初午祭」の世話をすることである。

この初午祭の主な目的は、男子が二十五歳、四十二歳、六十一歳、女子が十九歳、三十三歳、六十一歳の際、厄払いをすることである。この厄払いは、普段車川で生活していない者でも厄年者は参加する〈口絵7〉。この時、黄檗宗の僧侶による祈祷があり、観音寺に納められている四百巻の経典の出開帳がある。そしてこの祈祷が終わった後、観音寺の前で、厄年者が「モチまき」をする。この初午祭の一週間くらい前から観音さんの柱のところに初午祭の札が建ち、前の日には餅をつく。この時、子供が餅を機械で切る。厄の人だけではなく、小学生にも餅つきや餅ほりの行事に参加してもらう。この餅ほりは、むら総出で参加するため、毎年四十人以上の参加者がある。

このような寺院の行事および神社の行事は、現在高齢者世代を中心に維持されている。したがって、今後、若い世代にこれらの行事が継承されていくのか見守っていく必要がある。

◉――三重県の過疎対策の事業に位置づけられた車川

社会学者の徳野貞雄氏は、他出子を「単に、イエを捨てムラを捨てた人々」という従来の位置づけだけではなく、「現在と未来の農山村を支えることも可能な人間関係資源〈顕在的サポーター〉

として見直していく」必要性を説いた。また都市農村交流の脈絡のなかでは、他出子との交流やUターンを含めるべきだと主張している。［徳野 二〇〇八］

このように他出子が都市・農村交流に果たす役割は重要である。他出子が都市・農村交流でどのような役割を果たしているのかを考えるための実際の事例として、車川地域は先駆的だと考えられる。そのため、どのような経緯で、この行事が始まったのか検討しておきたい(32)。

三重県では、二〇〇八（平成二十）年度に実施した「超高齢化地域のあり方」調査をふまえ、県内でモデル地域を設定し、地域住民が主体となった具体的な「地域づくり」の取り組みに多様な主体が参画し支援する目的で、「中山間地域等における中間支援業務のあり方検討」事業が、二〇〇九（平成二十一）年度から、二〇一一（平成二十三）年度にわたり政策として実施された。そして車川区が、そのモデル地域に指定された(33)。

三年間の事業計画のうち、一年目の二〇〇九（平成二十一）年度は、地域の現状把握に重点が置かれた。二年目の二〇一〇（平成二十二）年度においては、町、県、大学等の多様な主体の参画した「話し合いの場」として、同年六月二日に、「油田邸の活用を考える会」（仮称）が初めて実現した。その時この会の正式名称が「車川山里ファン倶楽部」と決定した(34)。

同年十二月十五日の車川山里ファン倶楽部の会議では、ブログの開設について報告があった(35)。この日は、三重大学人文学部I准教授と意見交換し、夏に村外に出た人を対象としたイベントを実施することが決定された(36)。

この時のいきさつは、准教授が「尾鷲のある地区では長男は必ず家の跡を継ぐが、車川では長男も、次男も家を出ていくのですね」という発言に対して、車川山里ファン倶楽部の会長が、ふと外に出て行った人を地元に呼び戻す企画「夏だ！　おかえり車川」を思いついたことによる。

「車川を出ていった人のお子さん、お孫さんが、何年に一回か、車川に帰ってくる可能性もある。家が残っていれば帰ってくる可能性が残されている。家もなければ、墓もなく、知っている人もいなければハードルが高い。家・墓のある家は必ず先祖の供養、お盆の里帰り、墓参りを機会に、地元に戻ってくる」との会長の想いから、会長が「夏だ！　おかえり車川」を会議でメンバーに提案し、認められた。つまりこれは、観光地を目指しているのでもなく、むらおこしを目指しているのでもなく、純粋に他出子を呼びもどすことが目的であった。

二〇一一（平成二十三）年八月五日の車川山里ファン倶楽部の会議では、イベント実施に向けた協議が行われた。同年八月十三日には、「夏だ！　おかえり車川」が実施された。参加者は、車川地域内が五組で、子供が七人と保護者等が五人の合計十二人であり、地域出身者が八組で、子供が十二人と保護者等が九人の合計二十一人であり、近隣地域は二組で、子供が四人と保護者等が二人の合計六人であった。全体の参加者数は十五組で、子供が二十三人と保護者等が十六人の合計三十九人であった〈口絵８〉(37)。

行事は、地域の世話人の指導により実施された。内容は①水鉄砲をつくり親子で遊ぶ、水鉄砲づくり　②ペットボトルで「もんどり」を作り魚を捕るため川に浸ける、もんどり作り　③「そうめん」のみではなく「トマト、ブドウ、蜜柑」も流す、流しそうめん　④川で泳いだり水生生物を捕ったり多様な遊びを体験する、川遊び　⑤スイカが多く準備され参加した子供全員が楽しんだ、スイカ割り　⑥今後につなげるため後日参加者に送付した、記念撮影、以上の六つであった。この行事では、実施側十一人を含めて五十人の参加があった(38)。

初めて車川の住民と他出子との交流を目的としたイベントを実施した結果、車川山里ファン倶楽部のメンバーは試行錯誤をしたが、「夏だ！　お帰り車川」は成功したのであった。これは、地域出身者と地域に残った者がともに地域を維持していくための取り組みであり、両者の共通認識を醸成していくことが目的であった(39)。

同年十月十四日の車川山里ファン倶楽部の会議では、夏イベントの検証と今後の進め方について話し合われた(40)。車川山里ファン倶楽部のメンバーであり、現在車川区の区長は「県やコンサルタントについては、事前の段取りの大変さを把握していない。どれだけ想定しても違うことが起こってくる。段取りに七割かかる」といった。

また車川の将来の見通しに対して、「外部の資本が入ってくると環境が変わる。ホテル，温泉ができてくると車川の魅力がなくなる。静かな環境が損なわれる。のどかな環境はお金では買えない。道路事情、駐車場の問題、ゴミの問題、水道施設の問題、観光地化は難しい問題を抱えている」ともいった。

観光地化して人が来れば、ゴミ、トイレの後始末が大変になることが目に見えている。そして、

「これからは、行政のプロジェクトとか押し付けられたものではなく、地域の人が自ら考えていかないと先には進まない。つまり継続性はでてこない」と述べた。今後どのように他出子が車川と関わりを維持していくのか注目されよう。

村外に出た人と車川の関係を示す材料として、先述した二〇一三（平成二十五）年の式年遷宮で、地元車川の住民である氏子五十三名と、車川と縁のある外氏子百五十七名の奉讃者があったことは注目される。また、観音寺の大祭「車川の初午祭」で、普段車川で生活していない外氏子も厄年者として参加することは、車川と村外に出た人との関係がきれていないことを示す。このように外氏子は、車川区や車川の地域資源の維持に役立つ大切な人的資源である。

◉——車川山里ファン倶楽部による都市・農村交流

藤村美穂氏が指摘するように、日本の多くの農山村では、集落にはまだ人が多く住んでいるにもかかわらず、生活様式の変化や機械化のために地域資源の一部（里山など）が資源としての意味を失い、社会的に空白化しつつある［藤村 二〇〇九］。その意味でも、地域資源を守っていく担い手としての車川山里ファン倶楽部の活動は注目される。

車川区は、二〇一二（平成二十一）年度から二〇一四（平成二十三）年度の三年間にわたり、三重県の過疎対策の事業に位置づけられた。そして前述したように車川山里ファン倶楽部は、二〇一〇（平成二十二）年に結成されたが、現在も独自の活動が行われている。

二〇一五（平成二十七）年現在、車川山里ファン倶楽部のメンバーは、三十歳代一人、四十歳代二人、五十歳代二人、六十歳代八人、七十歳代一人で、合計十四人で構成されている。現在車川区の元区長が、この会の副会長であり、現区長もこの会のメンバーである。このように現在の車川区の役員である区長と元区長の二名が、この会に加わっている。

実際、車川山里ファン倶楽部の活動は、ＮＰＯ法人でなく、任意団体のため、活動面で自由や融通が効く。仕事を持っているメンバーにとってＮＰＯ法人はかえって参加しにくい。車川の場合、メンバーが参加したい時に、参加できるシステムになっているのが良い。なぜなら、行事は土曜日、日曜日で、準備は平日にしなければならない。会社に勤めている人は、定年延長の影響で、六十五歳まで地域の事には専念できない。このため、ＮＰＯ法人より任意団体の方が地元の住民は活動しやすいのである。

〈写真7〉2012年6月、油田公園で200個用意された野上り饅頭
（寺村善治氏提供）

車川山里ファン倶楽部の会長は「県とか大学とかコンサルタントのアドバイスについてであるが、短い時間で地域の事や、方向づけが提案できるのか。よその事例が参考になるというが、よその事例はあてはまらない」という。この会は、三重県の過疎対策事業の一貫として位置づけられた際、県や大学と連携して活動していたが、現在も行政の支援活動は行われている。ここで車川山里ファン倶楽部の三年間の動きをみておきたい。

〈写真8〉宮川流域で活動しているフォークアンサンブルの演奏
（寺村善治氏提供）

二〇一二（平成二十四）年四月八日には、油田公園に咲く桜を見るお花見を目的とする第一回桜まつりが開催されたが、スタッフと参加者で百名を超えた。六月三日には、油田公園で野上り饅頭作りが試みられ、二百個の饅頭が用意された〈写真7〉(41)。この野上り饅頭とは、農作業が終わった六月に、それぞれの家庭で作られるイバラ饅頭のことである。現在田植えは、昔より一ヵ月早い、四月下旬から五月上旬の連休に行われている。

八月十二日には、「第二回夏だ！ おかえり車川」が実施され、前回より多い六十四名の参加者がいた。前年と同様、水鉄砲を作り、川で遊び、皆で流しソーメンを食べて、最後にはスイカ割りを楽しんだ(42)。車川山里ファン倶楽部のメンバーは、車川は他出子にとって、生まれ育ったところであるから、「土をいじったり、木を切ったり、都会から帰ってきても安心できる場所を、車川の人は守っていかなければならない」といった。

十月二十七日には「ふるさとコンサート」が行われた。油田邸にて、地元の小学生と中学生のピアノの演奏と、宮川流域で活動しているフォークアンサンブルのギターとキーボードの演奏があった〈写真8〉。参加者全員が地元の中学校（篠山中学校）の校歌を合唱した(43)。この年以降、毎年車川で「ふるさとコンサート」が行われることになる。このような試みは車川という郷土愛の一つの表れなのである。筆者もこの年、演奏会に参加したが感動した。なぜなら、筆者の母親の実家が車川であり、幼い頃、母親の里帰りの際、車川で遊んだ体験が思い出されたからである。

同年、三重県多気郡多気町にあるシャープ工場のＣＳＲ活動（地域貢献活動）(44)の一つとして、車川の休耕田で、車川山里ファン倶楽部のメンバーとともに、「そば」栽培することが決まった。同年六月二十三日には、シャープとシャープの関連子会社ミエテックの従業員七十名により、初めて鎌で一反の田の草刈りが行われた。七月三十日には、シャープ側から四名と地元四名で草刈りをして、八月六日には石灰散布と耕起・播種を行った(45)。

九月十五日には、シャープから四十五名の参加者がおり、種蒔きを行った。十二月八日には、シャープから七十一名（内子供が十一名）の参加者のもとで、手による「しごき採り」によって、収穫作業が行われた。収穫は一二キロあまりであった。午後からは「そば打ち体験」が行われた(46)。

二〇一三（平成二十五）年は、シャープ・ミエテックとの協働作業が二年目となった。二月二十三日には椎茸の菌打ち体験があり、この日はシャープから三十六名（内子供十一名）が参加した(47)。四月七日には、第二回油田公園桜まつりが開催された。六月十六日には、第二回野上り饅頭作りが試みられ、シャープ・ミエテックから七組、区内から四組の合計十一組が饅頭作り体験に挑戦した(48)。

同年の第一回シャープ・ミエテックとの協働作業は、種まき作業が八月二十四日にあり、約四十名の参加者がいた。二回目は、九月二十八日に、四十一名の参加者が草刈りと土寄せを行った(49)。

〈写真9〉車川山里ファン倶楽部がシャープ・ミエテックの従業員やその家族と協働して椎茸の菌打ち(寺村善治氏提供)

三回目の協働作業では、十一月九日に、シャープ・ミエテックから六十名、県・普及所から五名、車川山里ファン倶楽部と地元車川の住民十三名の合計七十八名の参加者のもとで、そばの収穫作業が行われた(50)。この「そば」作りに関しては、三重県農政部農政課、および三重県松阪農林事務所松阪地域農業改良普及センターの職員による技術支援を受けている。

二〇一四(平成二十六)年に入ると、一月二十一日には、シャープ・ミエテック、および県・町と車川山里ファン倶楽部による五者会議が油田邸で開かれた。三月一日には、二回目の椎茸の菌打ち体験が行われた〈写真9〉。この時は、シャープ・ミエテックから十七名、地元の子供達を含め、子供が十六名、車川山里ファン倶楽部から十名の参加者がいた(51)。

四月六日には、第三回油田公園桜まつりが開催された。五月七日には、初めて車川山里ファン倶楽部が米作りを行った。メンバーは、準備として三月には落ち葉を一杯に何度もすき込んだ。米は源流部の山の谷間の生活排水の入っていない水で米を作っている(52)。現在も車川の水は透き通っているからである。

五月十六日には、油田邸において、シャープ・ミエテック、および県・町と「車川山里ファン倶楽部」五者十二名による、二〇一四(平成二十六)年の協働活動についての日程が決められた。

六月十五日には、第三回野上り饅頭作りが試みられた。二〇一三(平成二十五)年に実施された

〈写真10〉　車川山里ファン倶楽部がシャープ・ミエテックの従業員やその家族らと協働してソバの種蒔き（寺村善治氏提供）

「夏だ！　お帰り車川」は、この年台風十一号のため中止となった(53)。

同年度の協働活動は、一回目として、シャープおよびミエテックの社員と、県、役場の職員、車川山里ファン倶楽部のメンバーにより、遊休地にそばの種蒔きを八月二十三日に行った〈写真10〉。この日までに車川山里ファン倶楽部のメンバーは、二回の草刈りと三回の耕起・耕転を行っている。この年の九月六日には、車川山里ファン倶楽部のメンバーが植えた田植えの稲刈りを行った(54)。

二回目の協働活動は九月二十七日で、白いソバの花が満開の中、除草と溝の土上げがあり、翌日は、前年に菌打ちをしたボタ木を、下に下す作業が行われた。三回目の協働活動は、十一月十五日で、そばを収穫する作業であった。参加者は、ただひたすらそばの実を手で抜き取った。この作業は、小さな子供達も手伝った。十一月二十九日には、シャープ三重工場敷地内で開催されたシャープフェスタに、車川山里ファン倶楽部から出店販売が行われた(55)。

車川山里ファン倶楽部の会長によると「車川山里ファン倶楽部のブースでは、ガレット百食分を完売することができた。ガレットは、車川でとれたそば粉を練って作ったものであり、具材に使用した椎茸は、シャープおよびミエテックと一緒に菌打ちをして、今年初めてできたものを用いた。

このフェスタでは車川の食材を提供し、店頭には生椎茸一袋二百五十円、乾燥椎茸一袋三百円、そば粉一袋二百五十円、お米一袋三キロ千円を並べた」という。

二〇一五(平成二十七)年一月二十九日には油田邸において、県三名、町二名、シャープ三名、ミエテック二名、車川山里ファン倶楽部七名が出席し、翌年度の作業内容と協働作業の予定日が決められた。休憩時には、そば粉のダンゴ入りぜんざいが振る舞われた(56)。

このように車川山里ファン倶楽部は、二〇一〇(平成二十二)年六月の設立以来、継続的に活動が行われている。この組織は人的にも限られているし、時間的な制限もあり、あれもこれも手がつけられない中で、メンバーめいめいに、楽しみがあってこその活動となっている。またこの組織が行事をしていくには、メンバーの気持ちの摺合せ、意識統一があってこそ、成り立っているものと考えられる。

そして、かつて車川集落の産業の一つであった椎茸栽培の技術を、車川山里ファン倶楽部が受けて継いでいることは、地域資源を守っていく担い手としての役割のみならず(57)、この集落の文化・伝統の継承を受けつぐ役割も担っているのである。

◉——車川山里ファン倶楽部の将来展望

車川山里ファン倶楽部、シャープ、ミエテック、三重県、多気町の五者会議では、これまでとりわけ三重県側から、農業生産から食品加工・流通販売に展開する六次産業への道を提唱されていたが、車川山里ファン倶楽部の活動目的とは方向性が異なっていた。三重県が考える六次産業化は、できるところとできないところがある。十把一絡げでは無理である。同じ三重県下でも、気候条件も土地条件も同じ条件ではなく、それぞれ環境も異なる。安定して生産できない可能性や収穫できない可能性が潜んでいる。

車川山里ファン倶楽部の会長は「六次産業化への方向性では、今の車川山里ファン倶楽部の組織では無理があるし、望んでもいない方向性のため、もしそちらの方向性に車川区を進めていくのであれば、別の組織が必要となってくる。六次産業化は、今の車川山里ファン倶楽部が楽しんで行っている活動意欲を奪いかねない」という。

さらに会長は、「車川では最終的に人が減る。二年に一組でも、三年に一組でも新しい住民が来ないと、現状の人数は維持できない。現在、若い世代で都市部に住んでいる人は、隣近所とのつきあいはしたくないという考えを持っている。観光客や里帰りで車川に来る場合、彼らには車川でイベントが行われる前の段取りの大変さは見えていない。現在、テレビで映し出される田舎暮らしは、きれいな風景、楽しい行事など良いところばかり映し出されている。たとえば、溝さらい、道の草刈り、墓掃除などの田舎暮らしは映し出されない。つまり住民はいろいろな行事の準備、行事への参加、後始末と、自分の仕事以外の面でも、車川に住んでいるため、何かと気を使っていかなければならない」という。

またシャープ・ミエテックの協働活動について、車川山里ファン倶楽部のメンバーは、「地元の人との何気ない会話の中で、車川の良さを認識してもらえばありがたい。運良くいけば、空き家の斡旋もできる」と考えている。この組織は、車川に定住してもらうきっかけづくり、すなわち縁づくりをしているのである。車川での思い出づくりが、何年か先に、車川に住もうと思ってもらえる可能性があると考えるからである。

同様に、「夏だ！　お帰り車川」についても、メンバーは「車川の住民が、幼なじみとも交流ができ、車川の縁のある人と交流することにより、新鮮な気持ちになれることも大きなメリット」という。つまり、車川山里ファン倶楽部は、生まれ育ったところという縁を、非常に大切にしているのである。

しかしながら、この組織のメンバーである元車川区の区長は車川山里ファン倶楽部の行事をしていくうえで、「本来ならば、外氏子をメンバーに加えていきたいのだが、個人情報がやかましく言われている現在、外氏子全員の住所、電話番号など正確な連絡先を把握することは困難である。もし一昔前のように、個人情報がやかましく言われていない時代ならば、車川の行事をサポートしてもらえるよう連絡体制や協力体制を整備したのに」という。

もっとも現在の車川は、非常に環境に恵まれている。しかし、ホテルや温泉など外部資本が入ることにより、車川の魅力がなくなることは目に見えている。そのことからも、車川の良さは、油田邸を中心に、空気がきれい、川がきれい、山がきれいといった静かな環境を保っているところに価値があるのである。

IV　おわりに

伊賀市予野集落は農業公園、多気町車川集落は油田公園という、都市・農村交流の拠点となる地域資源を持ち、むらとして元気を出す源となっている。もしこうした地域資源がなければ、むらとして地域住民が経験的に培っていた部分を生かすことはできなかったであろう。

またこの二つのむらでは、年間を通して、むらの成員がむらの神社を中心に神仏を大切にしている共通点がある。このことがむらの成員の絆を深め、むらがまとまる要因になっているものと考えられる。つまり、むらの文化・伝統を維持できるのは、それぞれのむら人同士が信頼しあい、その土地に愛着を持っているからこそできることであった。

今日、三重県の農山村部においても、むらの文化・伝統が消滅したケースもあれば、むらの文化・伝統が消滅の危機に瀕しているケースもある。その中で、伊賀市予野集落と多気町車川集落は、積極的にむらの文化・伝統を守っていることが理解できた。

しかしながら、この二つの集落では、対照的な郷土の歴史を経てきている。伊賀市予野集落では、一九六〇年代前半（昭和三十年代後半）までは専業農家を中心とするむらであり、しかも湿田の水はけの悪い環境の中で苦悩しながら稲作が行われてきた歴史を持っている。そうした苦悩から抜け出すために進められた青蓮寺開拓事業であったが、結果的に予野のむら人にとって多額の償還金の返済につながり、理想とする農地に変貌したわけではなかった。なぜなら、ブドウ、タマネギと何度か集団営農の道を模索し続けてきたが、思うようには産地形成への方向につながっていかなかったからである。

そのため予野集落は、農業を生業とする共同体にすることはできなかった。現在、青蓮寺開拓事業で開発された土地では、四つの法人のおかげで耕作放棄地の拡大を防いでいる。また農業公園は、青蓮寺開拓事業があったからこそ開畑地に生まれた施設であり、今日予野集落の都市・農村交流の拠点となっている。

一方多気町車川集落では、一九六〇年代前半（昭和三十年代後半）まで炭焼きを生業としている地域であり、稲作を産業の中心においたむらではなかった。そして現在でも、炭焼きのできる人材はわずかながら残されている。炭焼き以外では、しいたけ栽培が行われてきた。このしいたけ栽培の技術を現在受け継いでいるのが車川山里ファン倶楽部のメンバーである。

また戦前には、吉野くずの製造をする人が多くいた。伊賀市予野集落のように、とりわけ水の面で苦労したわけではなく、油田醸造のように水の豊かな車川であるからこそ栄えた産業もあった。この油田醸造の屋敷と跡地が油田公園になっていることは、車川が水の豊かな土地であることの歴史の証明であるとともに、今日の車川のシンボルとして都市・農村交流の拠点となっている。

したがって、この二つのむらの住民は地域資源を大切にしているが、決して観光地化を望んでいるわけではない。なぜなら、これまで築いてきた静かで温かいむらの環境が破壊されることを心配しているからである。こうした予野集落の農業公園や車川集落の油田公園は、観光地化されていないからこそ公園の周辺部の道路も静かであり、観光地化にともなうゴミの問題や騒音の問題、あるいは近隣の住宅地が見せ物になるなどの不安に直面せずにすんでいる。

つまり、これら二つのむらでは、むらの地域資源を観光地化しないことが住民の願いでもある。そうした背景として、都市・農村交流に対するこれら二つのむら人は、NPO、市民団体といったアソシエーション型組織の一員として活動しているのではなく、「小さなコミュニティ」の一員として活動しているからこそ、都市住民との交流に積極性を持てるということがある。

最後に、秋津元輝氏が提唱する農村生活を楽しむという〈楽〉の原理に基づくエートスの浸透が、二十一世紀の集落の再生の鍵になるという考え方について言及したい。この二つのむらが、農業を生業としたり、観光を生業としたり、六次産業の方向へ舵を取るならば、現在のむらの人的資源では間に合わなくなるばかりではなく、農村生活を楽しんでいるという笑顔が住民の顔からなくなることは目に見えている。

なぜなら、それぞれのむらが置かれた地域資源や人的資源は驚くほど異なるため、何が何でも一律に、地域資源を商品化の方向に持っていくことが良いことだとは思われないからである。したがって、それぞれのむらが所有する地域資源や人的資源に見合った活動こそが、むら人の元気の源になるし、都市・農村交流を続けていく事のできる原動力になっていくものと考えられる。そして、この二つのむらで紹介した「地域資源」という装置は、そこに暮らす人々の人生とともにあるのである。

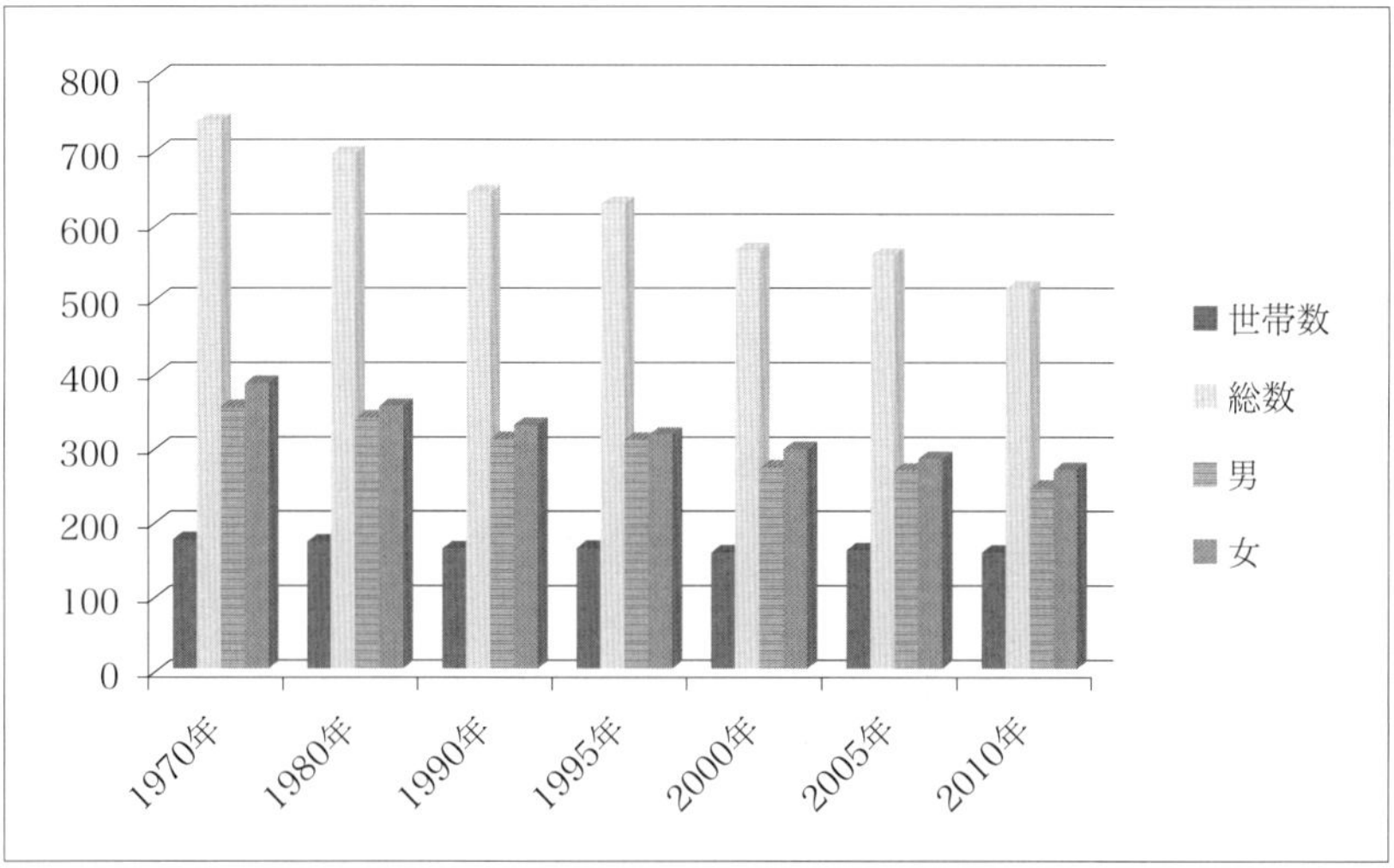

〈図1〉 予野の人口および世帯数の変化
〔国勢調査のデータをもとに作成〕

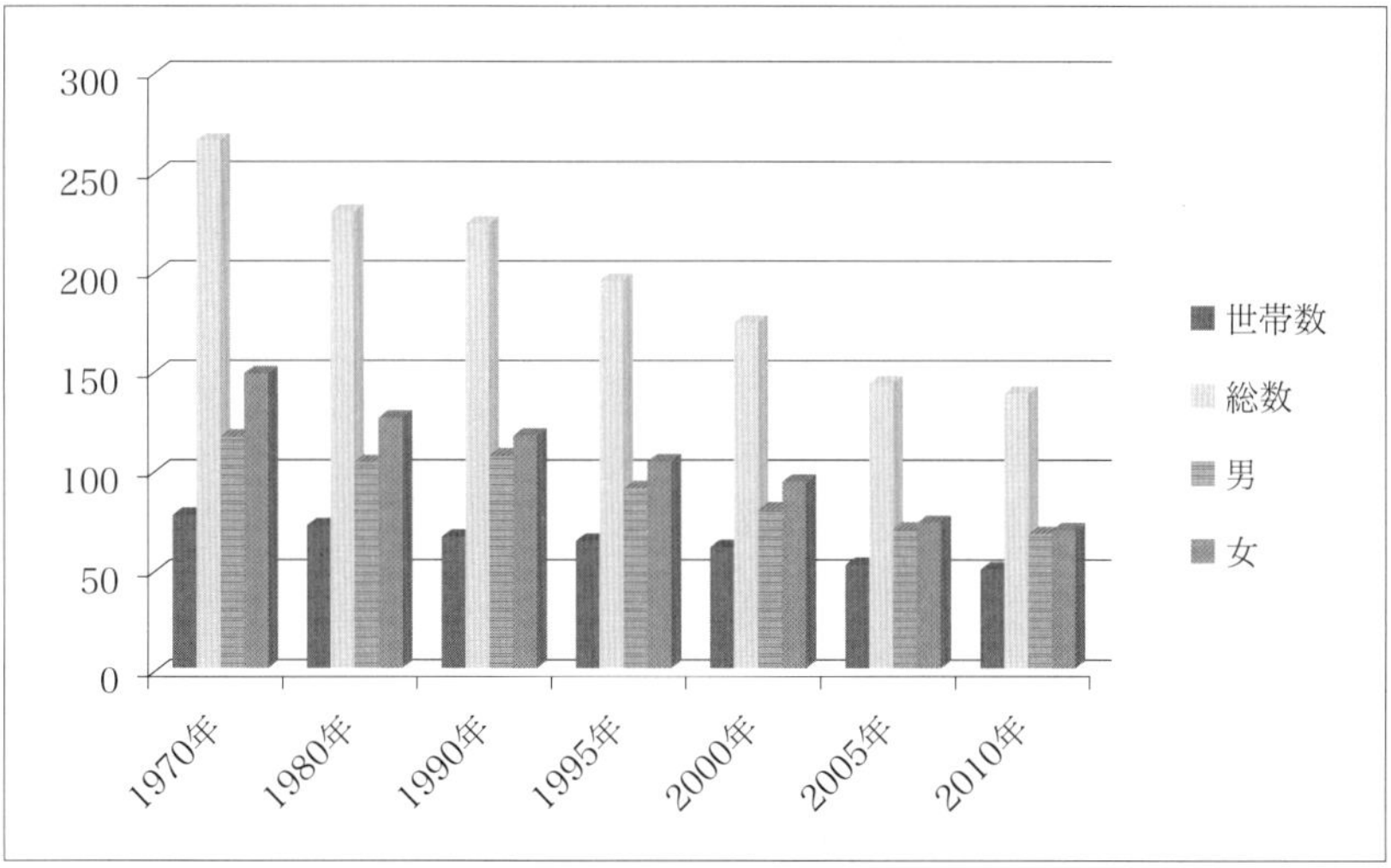

〈図2〉 車川の人口および世帯数の変化
〔国勢調査のデータをもとに作成〕

注

（1）秋津元輝氏は、現代において農山村に暮らすことが「楽だ」といっているのではない。農産物の価格水準は依然として低いし、兼業先としての地場産業も中国をはじめとする東アジア新興工業国の圧力によって衰微している。人口が減少するなかで、学校や病院などの生活インフラも統廃合されて不便になった。今や農山村に住み続けるには、生活の利便性とは別な何かの理由が必要である。その理由として想定したいのが、「楽しさ」であるとした。

（2）秋津元輝氏は、日本農村の脈絡のなかで、「ポピュリズム」＝イエとムラ／「市民社会論」＝個のネットワークと対比させる。現在までさまざまな困難に対処して生きてきた農村住民とその生活のあり方を信頼し、その延長線上にしか今後の生活はありえないとする「ポピュリズム」か、それとも社会経済条件の変化にともなって「個の自立」や個人の選択性を前提とした農村社会へと質的な転換をとげるべきだとする「市民社会論」か。このことは、集落再生を考える場合も例外ではないとしている。

（3）六次産業という名称は、農業本来の第一次産業だけでなく、他の第二次・第三次産業を取り込むことから、第一次産業の一と第二次産業の二、第三次産業の三を足し算すると「六」になることをもじった造語であり、農業経済学者の今村奈良臣氏が提唱した。これは、農畜産物、水産物の生産だけでなく、食品加工、流通、販売にも農業者が主体的かつ総合的に関わることによって、加工賃や流通マージンなどの今まで第二次・第三次産業の事業者が得ていた付価価値を、農業者自身が得ることによって、農業を活性化させようというものである。

（4）農林水産省の定義によれば、グリーン・ツーリズムとは「緑豊かな農山漁村地域において、その自然、文化、人々との交流を楽しむ滞在型の余暇活動」とされる。一口にグリーン・ツーリズムといっても、農産物直売所・農村（家）レストランの利用、観光農園・市民農園の利用、農産物加工体験、農作業体験、農家民泊など、交流のあり方は多様である。

（5）鈴木榮太郎氏が『日本農村社会学原理』において、自然村の社会的統一性の根拠を「精神」に見いだしたことはよく知られている。内山節氏によれば、「村の信仰は、仏教も含めて、教義で展開してはいないのである。あくまで自分たちの生きる世界と不可分なものとして、信仰はつくられている」のだという［内山二〇一〇］。

（6）花垣という名前の由来は、奈良の興福寺にある八重桜を、一条天皇の后であった中宮彰子が、京都に移そうとしたことに始まる。そして、桜の咲く時期には花の守を置くことにした。この花守には、原産地の予野の村人をあてた。以来この地は、花垣とも呼ばれるようになった。

（7）ヨリキの関係は、何世代にもわたって続いている。火事、不幸事、何かがあったら助けあう。こうした時の手伝いは母屋、隠居関係に頼ることが多い。しかし、都会に出て行けばこの関係は薄れる。

（8）このような状況は、法務局で管理されている旧花垣村大字予野の前身にあたる旧予野村の一八七五（明治八）年の総図面から確認される

（9）産廃業者の集中する地域の条件としては、第一にその施設が行政区の境界付近にある、第二に施設が過疎地や中山間地で人家から比較的離れたところにある、第三に廃棄物を排出する人口集積地と施設とを結ぶアクセス道路が確保されている、以上の点がこれまで指摘されている［鵜飼二〇〇一］

（10）予野では、簡易水道設置にあたって一世帯あたりの負担金が、当初の予定では六〇万円に予定されていたものが結局四〇万円に軽減された。そのうち、自治会からは一律一〇万円ずつの補助があてられた。

（11）事業賦課金を課された最初の年に、年度内に支払うことが可能であった農家はどれほどあったのであろうか。上出コバ二十三軒中十三軒、前出コバ二十九軒中十五軒、広出コバ三十四軒中三十二軒、千部コバ九軒中九軒、西出コバ三十二軒中三十二軒、以上が支払うことのできた軒数である。このように、コバによってかなりの差が生まれていた。

（12）青蓮寺開畑地では、それぞれの土地の質が全く異なり、条件が違いすぎたため、共同作業が発達してこなかった。予野では、一九八六（昭和六十一）年にグリーンアスパラガスの生産組合が設立された。また二〇〇七（平成十九）年にタマネギの生産組合が設立された。現在、こうした組合は解散しているが、一時期、グリーンアスパラガスやタマネギの出荷体制が構築された時期があった。

（13）当時の上野市が農林水産省の補助事業である「農村資源活用農業構造改善事業」により、施設を開設した。

（14）花垣地区住民自治協議会「広報はながきNo.二一〇」二〇一二年。

（15）花垣地区住民自治協議会「広報はながきNo.二二二」二〇一三年。

(16)花垣地区住民自治協議会「広報はながきNo.二三四」二〇一四年。
(17)花垣地区住民自治協議会「広報はながきNo.一九七」二〇一一年。
(18)花垣地区住民自治協議会「広報はながきNo.二三四」二〇一四年。
(19)元車川区長水野益夫氏所有文書。
(20)勢和村『勢和村史 通史編』一九九九年、三八九頁。
(21)元車川区長水野益夫氏所有文書。
(22)勢和村『勢和村史 通史編』一九九九年、四二〇頁。
(23)車川には油田イットウと呼ばれる油田姓の家が十戸あり、四月十五日が油田イットウ八幡神社の例祭となっていた。この日は餅まきなどもあって、油田イットウが集まりにぎわいを見せたといわれている。一九七〇(昭和四十五)年頃に、この八幡神社の世話をしていた油田篤太郎氏が亡くなったあと、例祭が消滅した。
(24)伊勢民俗学会『勢和村の民俗』一九八五年、六六―六七頁。
(25)勢和村『わたしたちのふるさと勢和』一九九五年、一四六頁。
(26)元車川区長水野益夫氏所有文書。
(27)勢和村『わたしたちのふるさと勢和』一九九五年、一四七頁。
(28)元車川区長水野益夫氏所有文書。
(29)元車川区長水野益夫氏、前掲書。
(30)戦前は上組、中組、北組、向組、下出組となっていたが、戦後共有山林を分けた時に組替えを行った。
(31)車川区「平成平成二十六年度事業報告」二〇一四年。
(32)自治組織や祭りといった出身村の地域社会に関する事柄への他出子のかかわりを扱った研究では、山城千秋氏が沖縄の郷友会が出身村の伝統文化継承の母体としての役割を果たしていることを明らかにした[山城 二〇〇七]。実際、他出子が集落の意思決定へのかかわりや「地域住民」としての役割を部分的に果たすことの可能性について、大久保・田中・井上が、他出子を農山村の地域社会や地域資源の維持になくてはならない存在と捉えた[大久保 二〇一一]などの研究がある。

(33)三重県政策部企画室『中山間地域等における中間支援業務のあり方検討事業 平成二十二年度実績報告書』二〇一一年、三頁。
(34)三重県政策部企画室、前掲書、二十七頁。
(35)三重県政策部企画室、前掲書、二〇七頁。
(36)三重県政策部企画室、前掲書、三十二頁。
(37)三重県政策部企画室『中山間地域等における中間支援業務のあり方検討事業 平成二十三年度実績報告書　二〇一二年、二十四頁。
(38)三重県政策部企画室、前掲書、二十四頁。
(39)三重県政策部企画室、前掲書、二十五頁。
(40)車川山里ファン倶楽部に提供していただいた資料によると、この会によるアンケート送付数は十三で、回答は十であった。イベント全体について楽しかったが十であり、楽しくなかった、どちらともいえないは〇であった。意見としては、平素できない初めての体験ができた、平素は遊び友達は少ないが多くの子供達と遊べて楽しかった、景色も良く体験のメニューも多く飽きることなく楽しめた、地域の人の気持ちが素敵であったなどが挙げられた。油田公園の有効な活用方法としては、宿泊できるようにしてほしい、油田公園はとても素敵であるがイベントをすると駐車場が少ないことがいつも気になるので、活用方法とともに検討してもらいたいなどの意見が出されていた。
(41)車川山里ファン倶楽部「通信第六号」二〇一三年。
(42)車川山里ファン倶楽部、前掲書。
(43)車川山里ファン倶楽部、前掲書。
(44)シャープ株式会社三重工場は、会社の環境方針「環境共有価値」の拡大にもとづき、環境保全活動や地域貢献活動を行い、地域社会の人々と交流を深めている。環境保全活動の具体的な例として、多気郡大台町佐奈川集落を憩いの場所にする活動、工場周辺地域の美化活動、里山を生物が息づく場所に戻す活動が挙げられる。地域貢献活動の具体的な例としては、高齢者集落の支援活動、学校への環境学習支援活動、高校や大学と連携した取り組みが挙げられている。
(45)車川山里ファン倶楽部「通信第七号」二〇一三年。

(46) 車川山里ファン倶楽部、前掲書。
(47) 車川山里ファン倶楽部、前掲書。
(48) 車川山里ファン倶楽部「通信第八号」二〇一三年。
(49) 車川山里ファン倶楽部、前掲書。
(50) 車川山里ファン倶楽部「通信第九号」二〇一四年。
(51) 車川山里ファン倶楽部、前掲書。
(52) 車川山里ファン倶楽部「通信第十号」二〇一四年。
(53) 車川山里ファン倶楽部、前掲書。
(54) 車川山里ファン倶楽部、前掲書。
(55) 車川山里ファン倶楽部「通信第十一号」二〇一五年。
(56) 車川山里ファン倶楽部、前掲書。
(57) 車川山里ファン倶楽部と車川区との関係については、二〇一五（平成二十七）年度の車川区の事業計画案では、区の四つの施策、①自主防災　防災・避難訓練実施　②集落営農と地域・環境づくり　③青少年健全育成・交通安全・防災・健康づくり　④町道・県道改良工事及び維持工事の継続実施が挙げられているが、車川山里ファン倶楽部の活動は②の集落営農と地域・環境づくりに関わっているのである。

参考文献

秋津元輝「集落の再生にむけて―村落研究からの提案」『年報　村落社会研究第四五集　集落再生―農山村・離島の実情と対策』農山漁村文化協会　二〇〇九年。

池田寛二「農村社会学のパラダイム・シフトをめざして　―基礎カテゴリーの再検討の試み―」（地域社会学会編『都市・農村の新局面』新潮社　一九九一年。）

上野市『統計から見た上野市（昭和四十六年版）』一九七一年。

上野市『第五回上野市議会定例会議録　昭和五十七年九月』一九八二年。

上野農業事務所青蓮寺営農対策本部「青蓮寺営農だより№一三」三重県　一九八二年。

鵜飼照吉「廃棄物処分問題における自治体と住民運動」飯島伸子編著『廃棄物問題の環境社会学的研究　事業所・行政・消費者の関与と対処』東京大学出版会　二〇〇一年。

内山節『シリーズ　地域の再生二　共同体の基礎理論　自然と人間の基層から』農山漁村文化協会　二〇一〇年。

大久保美香・田中求・井上真「祭りを通してみた他出者と出身村とのかかわりの変容」『村落社会研究ジャーナル』第一七巻第二号　農山漁村文化協会　二〇一一年。

大塚久雄『共同体の基礎理論』岩波現代文庫　二〇〇〇年。

小田切徳美　二〇一三『農山村再生に挑む　理論から実践まで』岩波書店　二〇一三年。

角川書店『角川日本地名大辞典　二四　三重県』一九八三年。

熊谷苑子「二十一世紀村落研究の視点」『年報　村落社会研究第三九集　二一世紀村落研究の視点　村研五〇周年記念号』農山漁村文化協会　二〇〇四年。

車川区「平成二七年度事業計画案」二〇一五年。

車川山里ファン倶楽部「お帰り車川　アンケート調査票」二〇一二年。

シャープ株式会社三重工場「シャープ三重工場　環境・社会貢献活動情報誌」二〇一四年。

青蓮寺用水土地改良区『平成元年度事業賦課金徴収簿』一九八九年。

青蓮寺用水土地改良区『平成七年度事業賦課金徴収簿』一九九五年。

青蓮寺用水土地改良区『青蓮寺用水土地改良区活性化モデル対策事業基本計画』一九九五年。

青蓮寺用水土地改良区『第三九回通常総代会提出議案八』二〇〇六年。

鈴木榮太郎『日本農村社会学原理　上（鈴木栄太郎著作集　一）』未来社　一九六六年。

総務省統計局『平成一七年国勢調査小地域集計』二〇〇五年。

東海農政局青蓮寺開拓建設事業所『青蓮寺』一九八五年。

東海農政局青蓮寺開拓建設事業所『青蓮寺開拓誌』一九八六年。

徳野貞雄「農山村振興における都市農村交流、グリーン・ツーリズムの限界と可能性―政策と実態の狭間で」『年報　村落社会研究第四十三集　グリーン・ツーリズムの新展開―農村再生戦略としての都市・農村交流の課題』農山漁村文化協会　二〇〇八年。

鳥越皓之「一章　景観論と景観政策」鳥越皓之・家中茂・藤村美穂『景観形成と地域コミュニティ―地域資本を増やす景観政策』農山漁村文化協会　二〇〇九年。

花垣地区住民自治協議会　花垣歴史研究会『花垣の史跡・大字案内版　現地説明版　二〇一〇（平成二十二）年三月　増補版』二〇一〇年。

藤喜一樹「廃棄物問題にともなう地域コミュニティの主体像―受苦圏の農村を事例として―」年報社会学論集　第十八号　関東社会学会　二〇〇五年。

藤喜一樹「過疎集落における地域開発への対応と生活―外部アクターの存在と役割―」ソシオロジ　第百六十一号　第五十二巻三号　社会学研究会　二〇〇八年。

藤喜一樹・長谷川健二「環境問題における「ムラ人」の対応―小さなコミュニティの環境保全への経緯―」社会文化研究（年報）第十一号　社会文化学会　二〇〇九年。

藤喜一樹「青蓮寺開拓事業を取り巻く地域社会の環境変化　―三重県伊賀市の村落を事例として―」愛知大学綜合郷土研究所紀要　第五十六号　愛知大学綜合郷土研究所　二〇一一年。

藤村美穂「三章　資源と景観―阿蘇山の草原」鳥越皓之・家中茂・藤村美穂『景観形成と地域コミュニティ―地域資本を増やす景観政策』農山漁村文化協会　二〇〇九年。

三重県『昭和四五年国勢調査結果にもとずく市町村大字別人口』一九七〇年。

三重県『昭和五五年国勢調査市町村要計表による三重県市町村町丁・字別人口・世帯数』一九八〇年。

三重県『平成二年国勢調査市町村集計結果による三重県市町村町丁・字別人口・世帯数』一九九〇年。

三重県『平成七年国勢調査三重県市町村町丁・字別人口及び世帯数』一九九五年。

三重県『平成一二年国勢調査三重県市町村町丁・字別人口及び世帯数』二〇〇〇年。

三重県『平成二二年国勢調査三重県市町町丁・字別人口及び世帯数』二〇一〇年。

山城千秋「沖縄における郷友会の形成過程と今日的展開」熊本大学教育学部紀要人文科学　第五十六号　二〇〇七年。

結城登美雄『地元学からの出発―この土地を生きた人びとの声に耳を傾ける』農山漁村文化協会　二〇〇九年。

吉野英岐「集落の再生をめぐる論点と課題」『年報　村落社会研究第四五集　集落再生―農山村・離島の実情と対策』農山漁村文化協会　二〇〇九年。

謝辞

調査をしていく中で、協力していただいた皆様には、感謝の意を表したい。とりわけ車川山里ファン倶楽部会長の寺村善治様には、多大な協力をしていただいた。この場を借りて感謝の意を表したい。

【著者紹介】

藤喜　一樹（ふじき かずき）

愛知大学綜合郷土研究所研究員　博士（学術）
真宗高田派善性寺副住職
三重大学大学院生物資源学研究科
博士後期課程修了

主な論文
「地域社会における宗教環境の分析
　―天竜川流域一貫を事例として―」
　高田短期大学紀要 第21号（高田短期大学、2003年）
「廃棄物問題にともなう地域コミュニティの主体像
　―受苦圏の農村を事例として―」
　年報社会学論集 第18号（関東社会学会、2005年）
「環境問題における「ムラ人」の対応
　―小さなコミュニティの環境保全への経緯―」
　社会文化研究（年報）第11号（社会文化学会、2009年）
　など。

愛知大学綜合郷土研究所ブックレット ㉕

社会調査から見えた伊勢と伊賀のむら

2016年 1 月29日　第 1 刷発行
著者＝藤喜 一樹 ©
編集＝愛知大学綜合郷土研究所
　〒441-8522 豊橋市町畑町1-1 Tel.0532-47-4160
発行＝シンプリブックス（株式会社シンプリ内）
　〒442-0807 豊川市谷川町天王259-2
　Tel.0533-75-6301
　http://www.sinpri.co.jp
印刷＝共和印刷株式会社

ISBN978-4-9907005-7-7　C0336

刊行のことば

愛知大学は、戦前上海に設立された東亜同文書院大学などをベースにして、一九四六年に「国際人の養成」と「地域文化への貢献」を建学精神にかかげて開学した。その建学精神の一方の趣旨を実践するため、一九五一年に綜合郷土研究所が設立されたのである。

以来、当研究所では歴史・地理・社会・民俗・文学・自然科学などの各分野からこの地域を研究し、同時に東海地方の資史料を収集してきた。その成果は、紀要や研究叢書として発表し、あわせて資料叢書を発行したり講演会やシンポジウムなどを開催して地域文化の発展に寄与する努力をしてきた。今回、こうした事業に加え、所員の従来の研究成果をできる限りやさしい表現で解説するブックレットを発行することにした。

二十一世紀を迎えた現在、各種のマスメディアが急速に発達しつつある。しかし活字を主体とした出版物こそが、ものの本質を熟考し、またそれを社会へ訴える最適な手段であると信じている。当研究所から生まれる一冊一冊のブックレットが、読者の知的冒険心をかきたてる糧になれば幸いである。

愛知大学綜合郷土研究所